Christian Meunier

Apprendre et enseigner
les temps simples du passé

Avec la participation active des apprenants

Autres ouvrages du même auteur :

→ eGrammaire BoD 2014 ISBN : 978-2-322-08398-5
→ Grammaire participative BoD 2015 ISBN : 2015 978-2-322-08403-6
→ Petit guide de la Phonétique corrective BoD ISBN : 978-2-322-08399-2
Avec Gérard Meunier
→ OrthoFle Le guide du professeur d'orthographe Bookelis 2017 ISBN : 9791094113080
Avec Jean Piètre-Cambacédes
→ La Conception du temps en français, anglais, allemand Bookelis 2017 ISBN : 9791094113097

Éditeur : BoD-Books on Demand, 12/14 rond-point des Champs Élysées, 75008 Paris, France
Impression : BoD-Books on Demand, Norderstedt, Allemagne
ISBN : 978-2-322-08461-6
Dépôt légal : octobre 2017

ISBN : 9782322084685

1. Avant-Propos

L'imparfait et le passé simple (remplacé par le passé composé à l'oral) sont des temps concurrents, qui se partagent le champ du passé. Ils sont en distribution complémentaire, chacun assurant une partie des fonctions, et excluant l'autre de son domaine.
Il est donc nécessaire de voir comment fonctionne le binôme.

Cela fait des siècles que l'on explique l'emploi des temps du passé. Comme les Français se servent de leur **grammaire intuitive**, celle que l'on acquiert au contact de ses parents et de ses proches avant de commencer tout apprentissage conscient de la grammaire explicite à l'école, ils n'ont aucun besoin de règles explicites pour choisir le bon temps. Les règles utilisées par les enseignants sont malheureusement douteuses, et ne parviennent pas à expliquer comment se répartissent les deux temps simples du passé. On s'en rend compte lorsque l'on tente d'enseigner ce problème à des étrangers qui, eux, ne possèdent pas cette grammaire implicite et ont absolument besoin de règles explicites pour bien comprendre comment fonctionne le système.
Cet ouvrage s'adresse aux enseignants et futurs enseignants de FLE et, indirectement, à leurs apprenants.
L'ouvrage se compose de deux grandes parties.
→ Une partie explicative de l'emploi en concurrence du passé simple et de l'imparfait.
→ Une partie pédagogique destinée aux enseignants, qui présente le problème, propose une démarche et tout le matériel pédagogique nécessaire au travail en groupe, individuel ou tous ensemble dans la classe. Ce matériel comprend des explications, des pistes de réflexion et des exercices corrigés. L'enseignant peut télécharger sur un site dédié et distribuer pour chaque problème un « cahier de l'apprenant », qui lui permettra de diriger le travail de ses apprenants, recherche des règles dans des activités canalisées, exercices. On trouvera sur le site également les exercices autocorrigés.

Le système proposé, qui s'appuie sur le contenu du livre eGrammaire, fournit des règles cohérentes, développées à l'Université libre de Berlin (Freie Universität Berlin) et expérimentées avec de bons résultats pendant plusieurs dizaines d'années dans des cours donnés à des élèves professeurs et à des étudiants préparant un séjour d'études dans une université francophone.
La partie pédagogique s'appuie sur le livre Grammaire participative, dont la philosophie est de faire participer les apprenants à leur propre apprentissage. L'élève comprend mieux et avec plus de plaisir ce qu'il découvre par lui-même, en groupes, seul ou dans la classe réunie. Le rôle du professeur est de diriger les réflexions, de canaliser les énergies, de contrôler et de préciser l'apprentissage.

Vous trouverez :
Pp 83 à 87 une « boîte à outils du professeur » dont vous pourrez vous servir en cours pour expliquer les différents problèmes   posés par l'emploi différencié du passé simple et de l'imparfait.

P. 88 : comment trouver les exercices autocorrigés sur Internet.

Théorie

2. Emploi des temps simples du passé

Avant de présenter les règles telles que nous les concevons, nous allons revenir sur la façon traditionnelle d'expliquer le fonctionnement des temps simples du passé, pour mettre un terme à son emploi.

Ensuite, nous verrons comment les deux temps simples du passé se répartissent les tâches, et comment ils s'emploient :
- dans les indépendantes,
- dans les subordonnées de temps,
  - introduites par *quand / lorsque*,
  - introduites par *chaque fois que / toutes les fois que*,
  - introduites par *pendant que, tandis que, alors que* et *comme*.

Nous fournirons une analyse, et nous encouragerons à de nouveaux automatismes, fondés sur cette analyse.

2.1 Les mauvaises explications traditionnelles

Bien sûr, tout le monde connaît les règles de l'emploi de l'imparfait et du passé simple. Vous avez sans doute déjà entendu parler d'habitude, d'état, de description, voire d'action longue. Nous allons donc commencer par discuter de ces règles que nous qualifierons de **traditionnelles**.

2.1.1 Les règles traditionnelles

→ **Commençons par l'habitude**
Lorsqu'une action exprime une habitude, on la met à l'imparfait.
> *M. Dupont fumait 50 cigarettes par jour. Il mourut d'un cancer au poumon.*
> *Mme Durand fuma toute sa vie 50 cigarettes par jour.*

Voilà deux habitudes semblables, l'une à l'imparfait, l'autre au passé simple.

→ **L'état**:
Lorsqu'un verbe décrit un état, on le met à l'imparfait.
> *Charlemagne **était** un grand empereur : il étendit son autorité sur toute l'Europe de l'Ouest.*
> *Philippe Auguste **fut** un grand roi. Il remporta la bataille de Bouvines, scellant ainsi l'unité nationale.*

Voilà maintenant deux états, le premier à l'imparfait, le second au passé simple.

→ **La description :**
Lorsqu'on décrit, on emploie l'imparfait.
> *Pierre **portait** des moustaches, et **avait** la raie au milieu.*
> *Dès qu'il eut l'âge d'homme, et jusqu'à sa mort, Paul porta des moustaches, et eut la raie au milieu.*

Voilà deux descriptions très semblables, l'une à l'imparfait, l'autre au passé simple. Je vois bien que vous vous impatientez. Allez, encore un petit effort.

→ **Actions longues, actions brèves.**
Une action longue se met à l'imparfait, alors qu'une action brève se met au passé simple.
> *La touriste **nageait** depuis dix secondes lorsqu'elle fut dévorée par un requin.*

> *Cette planète **mit plusieurs millions d'années** pour se former.*

Alors là, c'est le pompon ! Voilà une action brève à l'imparfait, et une extrêmement longue au passé simple !

Je vois bien que le moment est venu de vous fournir des explications, avant que vous ne jetiez cette grammaire par la fenêtre.

Toutes les règles que j'ai eu le plaisir de vous fournir se retrouvent, quelquefois au mot près, dans les livres de grammaire traditionnels. Mais comme j'ai l'esprit de contradiction, je me suis permis de donner pour chaque règle deux exemples, l'un confirmant cette règle, l'autre l'infirmant. Et pour brouiller les pistes, je me suis permis de mettre l'action brève à l'imparfait, alors que vous trouverez la longue au passé simple, **en parfaite contradiction avec la règle connue que je vous ai donnée**.

Vous vous dites, évidemment, que ces exemples sont faux. Eh bien vous avez tort. Tous ces exemples sont corrects. Ce sont les règles qui sont douteuses.

En effet :
- on trouve des habitudes à l'imparfait, mais aussi au passé simple.
- il y a des états à l'imparfait, mais d'autres, au passé simple.
- il y a des descriptions à l'imparfait, d'autres au passé simple.
- il y a au passé simple des actions brèves, mais aussi des longues,
- et il y a des actions longues à l'imparfait, d'autres enfin au passé simple.

Ainsi, il faut bien admettre que les règles que nous avons énoncées ne nous serviront à rien, puisqu'il est toujours possible de trouver un exemple pour les confirmer, mais aussi un autre pour les infirmer. Pour prendre un exemple simple, admettons que vous donniez à un martien de passage sur la terre une règle pour savoir si un humain est une femme ou un homme.

> **Règle n° 1:**
> **Un humain qui a les cheveux courts est un homme, alors que dans le cas contraire, c'est une femme.**

Cette règle est exacte dans de nombreux cas. Mais dans le cas de Jeanne d'Arc, qui avait les cheveux courts, ou dans celui de Jésus, qui avait les cheveux longs, cette règle est inexacte.

Vous pouvez vous creuser la tête pour trouver une règle plus juste :

> **Règle n° 2**
> **Un humain qui a les cheveux courts est le plus souvent un homme, mais peut parfois être une femme, alors qu'un humain qui a les cheveux longs est le plus souvent une femme, même si, parfois, ce peut être un homme.**

Cette règle est évidemment exacte. Vous, qui savez reconnaître une femme d'un homme grâce à une autre méthode, vous pourrez certainement prouver que cette règle est juste. Mais le pauvre martien, qui ne connaît pas "la petite différence entre hommes et femmes", va se servir de votre règle pour savoir s'il a affaire à une femme ou à un homme. Vous pouvez vous douter qu'il aura des problèmes.

2.1.2 Où est le problème ?

Nous venons de mettre le doigt sur le problème. Le francophone est semblable au terrien : il a d'autres critères pour choisir entre le passé simple et l'imparfait. Le non-francophone, lui, se retrouve dans le rôle du martien : il compte sur la règle pour résoudre le problème.

2.1.3 Comment cela est-il possible ?

Le francophone apprend à faire la différence entre les deux temps au fur et à mesure qu'il apprend sa langue maternelle. Comme il est constamment corrigé par ses parents, ses frères, ses sœurs, et ses professeurs, il finit par acquérir de façon inconsciente une expérience qui lui permettra de résoudre le problème chaque fois qu'il se posera. Avant même d'apprendre à écrire, l'enfant francophone fait la différence entre l'imparfait et le passé composé dans le cadre de la grammaire implicite, celle que l'on apprend sans règle. Ce n'est que vers l'âge de 10 à 12 ans qu'il emploiera le passé simple, qu'il aura appris à l'école.

C'est bien plus tard, en classe de quatrième, alors que les élèves ont 13 à 14 ans, que le programme de grammaire apporte (enfin) l'explication qui manquait sur l'emploi de ces temps. Comme les jeunes francophones n'ont jusqu'alors jamais eu besoin de cette explication (habitude, état, etc.), ils sont ravis d'apprendre comment le système fonctionne. Cependant, ils continueront à appliquer la méthode inconsciente qui était la leur jusqu'à présent, méthode qui, elle, fonctionne parfaitement.
L'élève francophone n'a donc pas besoin de ces règles pour choisir entre le passé simple et l'imparfait.

Le germanophone, lui, apprend à l'école le présent. Un an après, il apprend le passé composé, et ne fera la connaissance de l'imparfait que plusieurs semaines, voire plusieurs mois plus tard.

Ceci représente le premier problème, car le germanophone apprend à parler du passé avec un seul temps, le passé composé. Or, dans sa langue maternelle, il fait la même chose. Il ne dispose que d'un seul temps pour couvrir les domaines de l'imparfait/passé simple. L'allemand a bien deux temps, le prétérit et le parfait :
Wir gingen ins Kino.
Wir sind ins Kino gegangen.
Mais la différence entre les deux n'est **qu'une différence de style**, pas de temps. Ainsi, l'habitude allemande, qui est correcte en allemand, est transférée au français, où elle ne fonctionne pas.

Contrairement au francophone, qui a appris, dès le début, à manipuler deux temps complémentaires, et qui a besoin de faire une différence entre eux, le germanophone ne ressent pas du tout ce besoin. Il emploie donc indifféremment l'un ou l'autre, et produit ainsi des phrases dont il ne contrôle pas la signification.
* ~~Il mourut et cria.~~ (Impossible de crier une fois qu'on est mort)
* ~~Quand il a fait beau, il allait se baigner.~~ (On a l'impression qu'il se met à faire beau quand il va se baigner, comme si la météorologie attendait sa sortie.)

Pour remédier à ce problème, l'enseignant va lui apprendre les fameuses règles dont nous venons de parler plus haut. Comme elles sont inexactes, le pauvre élève a toutes les chances de se tromper.

2.1.4 D'où viennent ces mauvaises règles

Il faudrait donc apprendre aux non-francophones des règles exactes, afin qu'ils aient une chance de faire juste. Et le problème est donc de faire naître chez le non-francophone cette vision des choses, propre au francophone, qui va lui permettre d'avoir le besoin, même s'il est artificiel, de faire une différence, comme le fait un francophone, entre ces deux temps.

Avant de passer à une nouvelle explication de la différence entre ces deux temps, nous allons quand-même nous poser quelques questions sur ces règles traditionnelles, et en particulier, celle de savoir si ceux qui les ont découvertes, et les générations de professeurs et d'élèves qui les ont utilisées, et même qui les utilisent encore, étaient des ignorants, ou des gens myopes.
Les règles traditionnelles sont-elles idiotes ?
Je me doute bien que vous vous demandez si je ne suis pas un petit peu trop vaniteux. Vous pensez sûrement que tant de gens n'ont pas pu se tromper, et que l'humanité francophone ne m'attendait pas pour être sauvée. Bien entendu, il faut rester modeste. En effet, les professeurs francophones qui enseignaient ses règles n'avaient pas de problèmes, puisque ni eux, ni leurs élèves n'en avaient besoin.

Les enseignants allemands qui expliquaient ces règles à leurs élèves allemands n'avaient pas non plus de problèmes, puisque les élèves et les enseignants appliquaient les mêmes règles, sans remarquer leurs fautes.

En ce qui me concerne, j'ai enseigné ces règles à plusieurs générations d'élèves et d'étudiants. Ceux-ci les ont donc appliquées. Malheureusement, le résultat m'est apparu bien souvent comme décevant. Cela donnait à peu près la discussion suivante:
>Étudiante : «*M. Dupont fumait toute sa vie 100 cigarettes par jour.*
>Prof : — *Ah, non ! La bonne réponse est :* **fuma**.
>Étudiante : *Mais pourquoi, puisque c'est une habitude ?* »

Voilà une règle bien gênante, puisqu'elle contredit mon sens de la langue, qui, lui, m'amène à employer le passé simple.
Bien entendu, c'est le sens de la langue qui a priorité ! Alors, que vais-je expliquer à cette étudiante ?
« C'est autre chose... » ou pire encore : « Tu verras, quand tu seras plus grande ! »
« Non ! C'est une autre sorte d'habitude. »
Heureusement, l'étudiante a accepté mon explication, qui n'en était pourtant pas une. Suis-je un mauvais enseignant, incapable d'expliquer un fait grammatical de la langue que j'enseigne ?

Si j'ai l'esprit un peu critique, je ne pourrai pas me contenter de cette explication. Il va falloir en trouver une autre, si possible, une qui fonctionne.
Mais même si l'on décide de trouver d'autres règles, on peut bien se demander sur quoi ces règles traditionnelles se fondent. En fait, elles reposent sur un fond de vérité. Pour bien me faire comprendre, je vais vous raconter une petite histoire.

> M. Duchmol doit prendre sa retraite l'année prochaine. Pour savoir quel en sera le montant, il se rend au bureau compétent de la caisse de retraite qui s'occupe de son dossier. Un fonctionnaire lui pose quelques questions :
> « De quel sexe êtes-vous ?
> - De sexe masculin, évidemment !
> - Bon ! 72 ! Et vous fumez ?
> - Ma foi, oui. 1 paquet par jour.
> - Aïe ! Moins 5. Vous buvez ?
> - Un peu. Un petit pastis à 6 heures, et un quart de vin à chaque repas.
> - Voilà qui est fâcheux ! Moins 3. Et vous avez des rapports sexuels ?
> - Je suis veuf.
> - Donc, pas d'ébats amoureux ?
> - Si, une fois par semaine, avec ma voisine.
> - Elle est jeune ?
> - Elle a 32 ans.
> - Une jeunette, donc. Cela fera moins 7 ! Et vous ne faites pas d'autre sport ?
> - Non!
> - Alors, cela vous coûtera quatre ans.
> - Pardon ? Qu'est-ce que vous voulez dire ?
> - C'est tout simple ! Les fumeurs comme vous vivent environ 5 ans de moins que la moyenne des Français, les buveurs de votre catégorie, 3 ans, les veufs qui ont une petite amie plus jeune qu'eux, moins 7, car elles ont des exigences, et leur fatiguent le cœur, et les non-sportifs vivent en moyenne 3 ans de moins. Comme le Français moyen a une espérance de vie de 72 ans, cela fait : 72 - 5 - 3 - 7 - 4 = 53. Comme vous avez une espérance de vie de 53 ans, et que la retraite se prend à 62 ans, vous n'avez pas droit à cette retraite, puisque, pour moi, vous êtes statistiquement mort. Au revoir, Monsieur ! »

Je vous sens frémir d'horreur. Il est évident que M. Duchmol est encore vivant. La preuve, c'est qu'il est là, assis sur son siège, et qu'il a l'air en bonne santé. Mais le fonctionnaire n'a pas tort ! Ces chiffres traînent dans tous les livres de statistiques sur l'espérance de vie des Français !

Alors, qui a raison ? Tous les deux ! Sauf que, même si, selon les statistiques, M. Duchmol devrait être mort, il n'en est pas moins réellement vivant. Et l'essentiel, c'est qu'il soit réellement vivant.
Le fonctionnaire applique des règles statistiques. Ces règles sont **valables pour une moyenne d'individus**, mais **pas pour un individu en particulier**. Ce n'est pas parce que les hommes vivent en moyenne 72 ans que M. Durand, Pierre et Paul atteindront cet âge !
La preuve :
- M. Dupont est mort de rire à l'âge de 122 ans,
- Paul est mort dans un accident de moto à 93 ans,
- et Pierre est mort étouffé par sa sucette à l'âge d'un an.

Mais si vous faites la moyenne des 3 âge s: (122 + 93 + 1) : 3 = 72 vous arriverez à la moyenne de 72 ans. Cette règle statistique est donc valable pour les trois personnes à la fois, mais elle est fausse pour chacune des trois, puisqu'aucune d'entre elles n'est morte à 72 ans !

Les règles de l'imparfait / passé simple ont une **valeur statistique**, même si l'on ne les a pas chiffrées exactement. Ainsi, étant donné que leur durée augmente leurs chances qu'une nouvelle action démarre avant leur fin, une habitude, un état, une description ou une action longue ont plus de chances de se retrouver à l'imparfait qu'une action brève.
Mais ce n'est pas une obligation car lorsque vous devez choisir, dans un cas précis, le temps correct, ces règles ne serviront à rien :
　　Ex : *Toute sa vie, et du matin au soir, Paul mit les doigts dans son nez.*
Même si Paul a une (mauvaise) habitude, et même si une habitude a plus de chances de se mettre à l'imparfait, c'est le passé simple qu'il faudra employer dans ce cas-ci.

J'espère que vous avez compris, à présent, pourquoi ces règles, qui ont un sens d'un point de vue statistique, ne servent à rien pour choisir le temps qui convient. Alors, quelles sont les vraies règles, celles que l'on peut utiliser ?
Eh bien, ce n'est pas si facile à expliquer, car ces règles, en fait, n'ont rien de grammatical. Même si on en parle en grammaire, elles ne relèvent pas de ce domaine, mais bien plutôt de la pragmatique.

2.1.5　Les temps et la pragmatique.

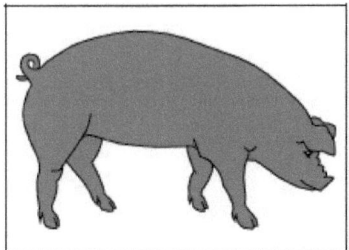

Laissez-moi vous poser une question indiscrète. Que voyez-vous sur l'image ci-contre ??
Les Français y verront un cochon, certains Allemands, un porte-bonheur (Schwein haben), un chien y verra une collection de côtelettes, certaines femmes, le symbole des hommes (les hommes sont tous des cochons), et une truie (une dame cochon) un jeune playboy. En fait, tout est question de point de vue. Chacun a sa façon de voir ce qui l'entoure.
Ceci est également le cas pour l'emploi des temps. Les Français, qui ont appris à décrire ce qui les entoure en français, ont une façon commune de voir le temps passé, façon qu'ils expriment par l'emploi concurrent de l'imparfait et du passé simple. Les Allemands ont une autre façon de voir le passé. Cette façon est bonne lorsqu'ils parlent allemand, mais inadaptée lorsqu'ils parlent français. Autrement dit, quand vous parlez français, vous devez changer de peau, ou en tout cas de cerveau, et vous transformer en Français, au moins pour l'emploi des temps du passé.
La façon de voir d'une communauté linguistique qui s'exprime dans sa langue relève de la pragmatique, qui sera pour nous le domaine de la linguistique qui s'occupe de la façon de voir les choses et de les décrire du locuteur, conforme à la vision que sa langue lui donne de la réalité qui l'entoure. Nous allons à présent essayer de cerner cette façon de voir.

Emploi des temps simples du passé

2.2 La règle de base

2.2.1 Action A et Action B

Lorsque l'on parle de deux actions, l'une A, celle qui commence la première, et l'autre B, celle qui commence la deuxième, ce qui intéresse les Français, c'est de savoir si, lorsque commence l'action B, l'action A est finie ou non.

2.2.2 A est finie lorsque B commence.

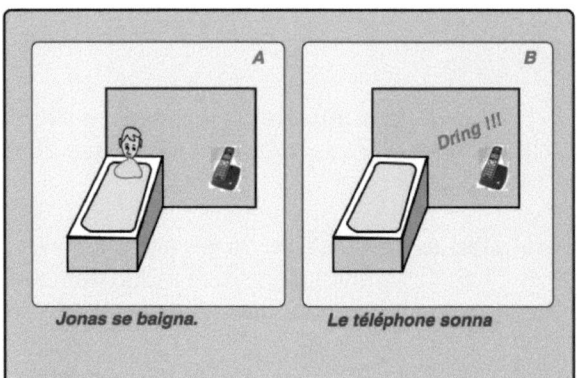

Sur l'image A, Jonas est dans son bain. Le téléphone est tranquille.
Sur l'image B, Jonas a disparu. L'action A de se baigner, qui commence la première, est donc terminée lorsque l'action B, le téléphone sonne, commence.
Nous écrirons donc :
Jonas se baigna. Le téléphone (sonna).

> **Règle 1.**
> Lorsque l'action A, celle qui commence la première, est terminée au moment où l'action B commence, cette action A se met au passé simple (au passé composé à l'oral ou dans un style moyen).

L'action A, celle qui commence la première, est terminée avant que la seconde ne commence.
Quand le téléphone se met à sonner, Jonas a fini de se baigner. Si l'on applique la règle, on mettra le verbe au passé simple : *Jonas se baigna.*

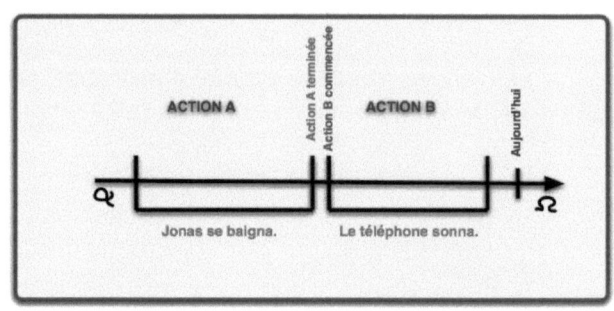

On prend alors l'action B comme action A, et l'on cherche l'action suivante comme nouvelle action B. Comme il n'y en a pas, on peut dire que l'action est terminée avant que la suivante ne commence. Voilà pourquoi nous avons écrit. *Le téléphone sonna*, appliquant la même règle.

2.2.3 A n'est pas finie lorsque B commence.

Sur l'image A, Jonas est dans son bain. Le téléphone est tranquille.
Sur l'image B, Jonas est encore dans son bain. L'action A de se baigner, qui commence la première, n'est donc pas terminée lorsque l'action B, *le téléphone sonne*, commence.
Nous écrirons donc :

Jonas se baignait lorsque le téléphone ....

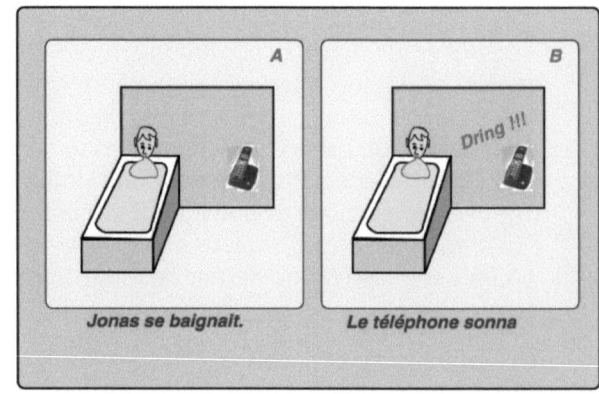

> **Règle 2.**
> Lorsque l'action A, celle qui commence la première, n'est pas encore terminée au moment où l'action B commence, cette action A se met à l'imparfait.

L'action A, celle qui commence la première, n'est pas terminée lorsque la seconde commence.
Quand le téléphone se met à sonner, Jonas est encore en train de se baigner.
Si l'on applique la règle 2, on mettra le verbe à l'imparfait: *Jonas se baignait.*

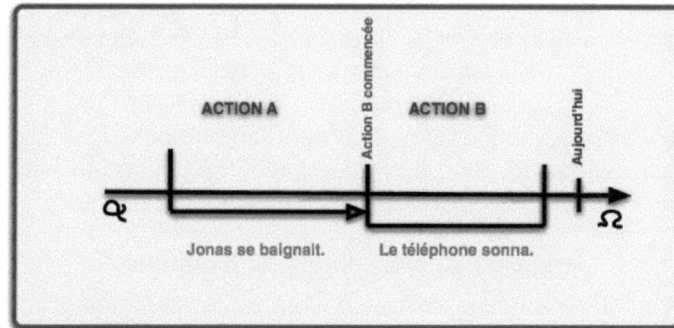

On prend alors l'action B comme action A, et l'on cherche l'action suivante comme nouvelle action B. Comme il n'y en a pas, on peut dire que l'action est terminée avant que la suivante ne commence. Voilà pourquoi nous avons écrit. *Le téléphone sonna*, appliquant la même règle.

2.2.4 Et l'action B ?

➔ Lorsque l'on a résolu le problème de l'action A, l'action B prend sa place, et cède la sienne à l'action C.

B devient A, et C devient B. On applique alors la règle 1 ou 2, selon les cas.	
A ➔ B	A : Jonas se baignait. B : Le téléphone (sonner). Il (sortir) du bain.
B ➔ C	Jonas se baignait. B : Le téléphone (sonner). C : Il (sortir) du bain.
A ➔ B	Jonas se baignait. A : Le téléphone (sonner). B : Il (sortir) du bain.

➔ Et s'il n'y a plus d'autre action ?

> **Règle 3.**
> La dernière action ne peut pas être interrompue par l'action suivante. Donc, cette dernière action sera au passé simple.

2.3 Ordre chronologique et ordre du texte.

2.3.1 L'ordre du texte est aussi l'ordre chronologique

➔ Lorsque l'on écrit :
   Jonas se baigna. Le téléphone sonna.
l'ordre du texte est identique à l'ordre chronologique, c'est-à-dire à l'ordre dans lequel les actions ont réellement lieu. Ainsi, Jonas se baigne d'abord, et le téléphone sonne ensuite.

Si l'on écrit :
   Le téléphone sonna. Jonas se baigna.
comme on a deux fois le même temps, l'ordre du texte est identique à l'ordre chronologique, c'est-à-dire à l'ordre dans lequel les actions ont réellement lieu. Ainsi, le téléphone sonne d'abord, et Jonas se baigne ensuite.

Emploi des temps simples du passé

2.3.2 L'ordre du texte n'est pas l'ordre chronologique

On peut s'affranchir de cet ordre, c'est-à-dire changer les actions de place dans le texte, sans rien changer à l'ordre chronologique réel. Pour cela, on peut :
☐Soit utiliser des mots de temps, adverbes, préposition ou conjonction.
Adverbe : *Le téléphone sonna (B), mais avant, il se baigna (A).* (A = Jonas se baigna / B = Le téléphone sonna.)
☐Soit utiliser un temps composé, en liaison avec une conjonction :
- o *Après que Jonas s'est baigné, le téléphone sonne. A ⓟB*
- o *Le téléphone sonne après que Jonas s'est baigné. B ⓟA*

L'avantage, c'est que l'on peut commencer par l'action A ou B sans rien changer à l'ordre chronologique. Bien sûr, nous avons dû utiliser un temps composé et une conjonction, mais c'est le prix à payer pour pouvoir être flexible.

2.3.3 Imparfait / passé simple et flexibilité.

Lorsqu'on emploie un imparfait et un passé simple, l'imparfait est obligatoirement le temps de l'action A (celle qui commence la première), et le passé simple, celui de l'action B (celle qui commence la seconde).
En effet, pour qu'il y ait une action à l'imparfait, il faut que cette action soit encore en train au moment où l'action suivante commence. S'il n'y a pas d'action suivante, on ne peut pas avoir d'imparfait. Donc, l'imparfait doit être dans l'action A, qui n'est pas terminée lorsque B commence.
Ainsi, qu'il soit dans le texte au début, ou à la fin, l'imparfait sera l'action A, et le passé simple, la B.

> *Jonas se baignait. Le téléphone sonna.* (Exemple 1)
> *Le téléphone sonna. Jonas se baignait.* (Exemple 2).

C'est donc deux fois la même histoire. Mais à quoi cette flexibilité peut-elle bien servir?
Eh bien, nous avons déjà vu que l'information la plus importante se mettait à la fin, dans la partie qui recevait l'accent tonique.
Dans l'exemple 1, *Le téléphone sonna* en 2e position met l'accent sur le fait que le téléphone vient en plein milieu du bain de Jonas, qui est donc surpris par ce coup de téléphone.
Dans l'exemple 2, *le téléphone sonna*, et figurez-vous que Jonas était dans son bain. Pas de chance pour lui.
Ainsi, le fait que l'on ait deux temps qui se partagent le travail nous permet d'être flexibles en fournissant un effort minime. En revanche, l'étranger qui se trompe de temps met l'histoire à l'envers.

2.3.4 Réfléchissons sur un exemple

Nous allons nous servir d'un bateau qui coule et d'un équipage qui le quitte pour voir tout ce que l'on peut tirer d'une telle situation.

Les faits, au présent

Le bateau Pitalugue effectue une traversée entre la Corse et le continent. Alors qu'il se trouve près de la côte du Var, il heurte un obstacle flottant. La coque étant endommagée, l'eau s'engouffre par la fissure et le bateau coule. Deux hommes sont à bord. Ils mettent bien vite leur radeau de survie en service, quittent le Pitalugue et le regardent disparaître dans les flots. Voilà les faits.

De nombreux témoins ont vu l'accident, dont un certain nombre d'étrangers.
Voici ce qu'ils ont écrit dans le rapport qu'ils ont fait à la police.
- Paul : Le bateau coulait. L'équipage l'abandonna.
- Wolfgang : Le bateau coula. L'équipage l'abandonna.
- Greta : Le bateau coula. L'équipage l'abandonnait.
- Winston : Le bateau coulait. L'équipage l'abandonnait.
- Lili : L'équipage abandonna le navire. Le bateau coula.

Voyons un peu les déclarations des témoins de plus près.

Le bateau coulait.
L'équipage l'abandonna. (Paul)

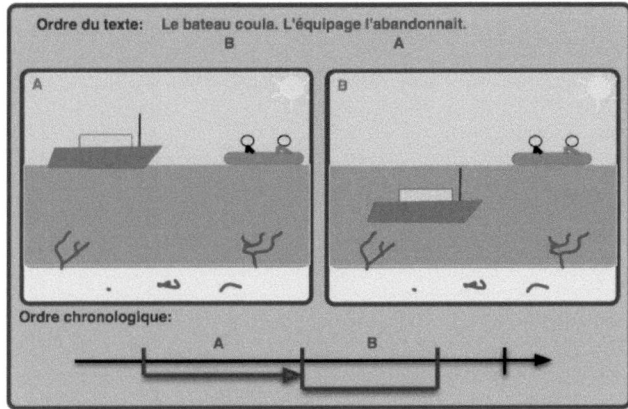

Analyse du texte : Nous avons un imparfait, *coulait*, et un passé simple, *abandonna*. D'après notre analyse, l'action A est celle à l'imparfait, et l'action B, celle au passé simple.

Donc, le bateau commence à couler. On peut imaginer que l'équipage s'en soit rendu compte, et que c'est pour cela qu'il a abandonné le bateau.
Notre avis : Ce rapport donné par Paul semble logique, et correspond d'ailleurs aux faits

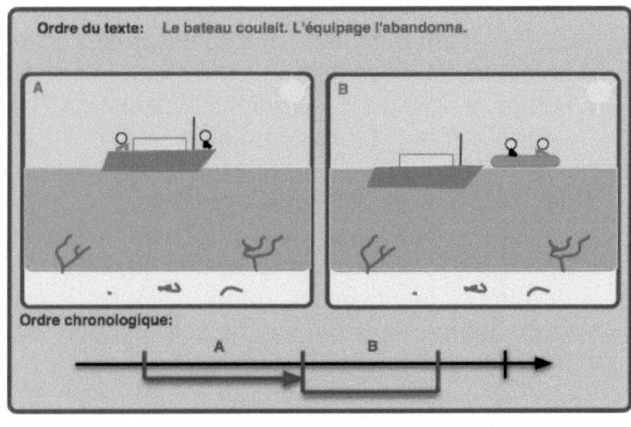

Le bateau coula. L'équipage l'abandonna. (Wolfgang)

Nous avons deux verbes au passé simple : *coula, abandonna*. L'ordre du texte doit donc correspondre à la chronologie des faits.
Le bateau coula (action A), et finit de couler. Il a donc atteint le fond. C'est alors que l'équipage se décide à l'abandonner (action B).
L'équipage attend donc que le navire ait complètement coulé. C'est ce que l'on demandait autrefois au capitaine d'un gros navire, parce que si le bateau ne coulait pas et qu'il était abandonné, il appartenait à la première personne qui montait à bord. La présence à bord du capitaine jusqu'au bout protégeait le propriétaire du bateau contre ce genre de perte. Mais ici, cela semble exagéré.
Notre avis : Ou bien l'équipage était mal organisé, ou bien il était constitué d'idiots. Rappelons qu'entre la Corse et le continent, il y a des fonds de 3000 mètres. Pourquoi attendre d'être au fond ?

Le bateau coula. L'équipage l'abandonnait. (Greta)
Nous avons ici un passé simple suivi d'un imparfait. Conformément à nos règles, pour que cette histoire ait un sens et l'imparfait une explication, nous considérerons que l'ordre chronologique des faits ne correspond pas à l'ordre du texte. Ainsi, l'action A est *l'équipage abandonnait*, et l'action B, *le bateau coula.*
Cela signifie donc que l'équipage abandonne le bateau sans raison connue, et que le bateau se met à couler pendant qu'on l'abandonne.
Notre avis : Cette histoire n'est pas claire. Pourquoi l'équipage se met-il à quitter un navire en état de naviguer, et pourquoi celui-ci se met-il alors à couler ? On peut imaginer plusieurs

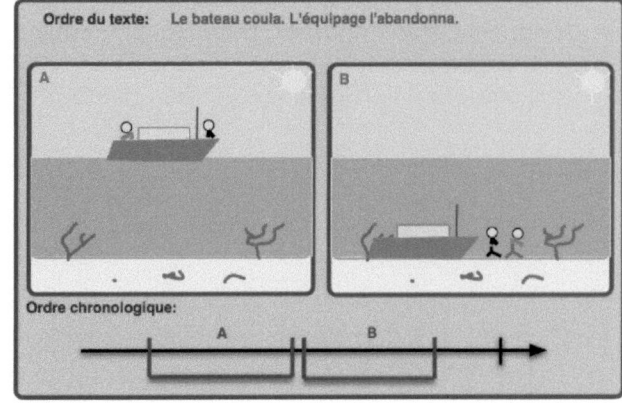

scénarios comme une escroquerie à l'assurance, ou la tentative de faire disparaître un bateau volé et recherché, ou dont le contenu serait gênant, mais cela relève de la fiction. Ou bien Greta s'est trompée dans l'emploi des temps, ou l'histoire relève de la justice. En tout cas, ce rapport ne correspond pas aux faits tels qu'ils nous ont été exposés.

Le bateau coulait. L'équipage l'abandonnait. (Winston)
Ici, nous avons deux verbes au même temps, l'imparfait. Nous devons donc considérer que l'ordre de la phrase correspond à l'ordre chronologique. Le bateau se met à couler (action A). Il n'a pas fini lorsque l'équipage se met à le quitter (action B).

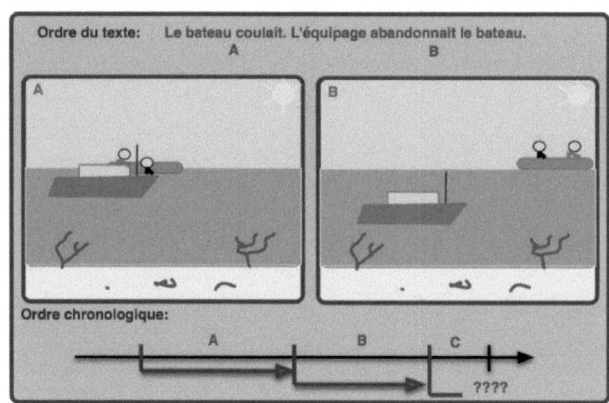

Il n'a pas encore fini lorsque... Mais l'histoire est finie, et il n'y a donc aucune justification pour l'utilisation de l'imparfait.

Notre avis : Winston a commis une erreur dans l'emploi des temps, produisant un rapport incompréhensible.

L'équipage abandonna le bateau. Le bateau coula. (Lili)
Nous avons deux verbes au passé simple : *abandonna*, *coula*. L'ordre du texte doit donc correspondre à la chronologie des faits.
L'équipage abandonne le bateau (action A) et finit de l'abandonner. Le bateau coule (action B), et finit de couler.
Nous voilà devant un double problème :
• Pourquoi l'équipage quitte-t-il un navire en état de naviguer, comme dans le rapport de Greta ?
• Pourquoi le navire se met-il à couler, sans raison apparente, comme dans le rapport de Greta.
Notre avis : L'histoire est possible, mais elle nous laisse sur notre faim. Nous ne savons pas pourquoi l'équipage abandonne le navire. De plus, on ne sait pas pourquoi ce dernier coule. Peut-être est-ce un grand sensible qui, une fois abandonné, se désespère et se suicide en coulant.

2.3.5 Comment l'auditeur, ou le lecteur, rétablit-il le véritable ordre chronologique ?
- Le lecteur lit d'abord le passé simple : *Le bateau coula.* C'est l'action **A**. (image 1)
- Ensuite, il lit l'imparfait : *L'équipage quittait le bateau.* C'est l'action **B**. (image 2)
- Comme il y a un **imparfait**, le lecteur se demande **ce qui va se passer de nouveau** et cherche une action **C**.
- L'histoire étant terminée, *il n'y a pas d'action C*. Donc, *il va falloir tout inverser!*

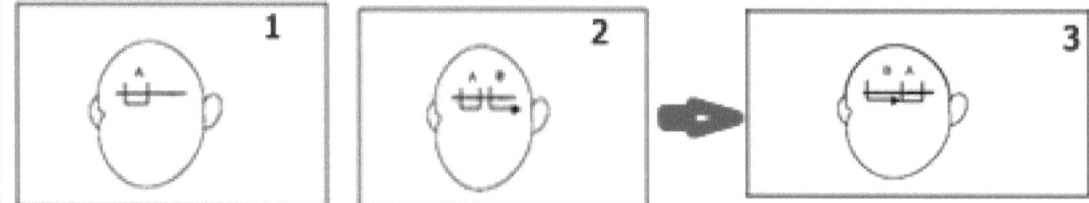

L'action A est donc l'action à l'imparfait, et l'action B, celle au passé simple.

2.3.6 Que faire lorsqu'une action est la dernière ?

Attention :

Règle 1 : **La dernière action n'est pas à l'imparfait**

Si une action passée est chronologiquement la dernière, on ne pourra pas la mettre à l'imparfait puisque *pour employer un imparfait, il faut que l'action ne soit pas terminée au moment où l'action suivante commence*

Exemple : Pierre travaillait chez Casino à Auxerre quand il se maria.

Quand il n'y a pas d'action suivante, cela n'est pas possible.

→ **L'action est passée.**

Règle 1 : **La dernière action est passée**

Si elle est aujourd'hui finie, la dernière action se mettra au passé simple (passé composé à l'oral)

Exemple : *Après son mariage, il déménagea.*

→ **L'action dure encore.**

Règle 2 : **La dernière action est présente**

Si elle dure encore aujourd'hui, la dernière action se mettra au présent

Aujourd'hui, il vit à Nice.

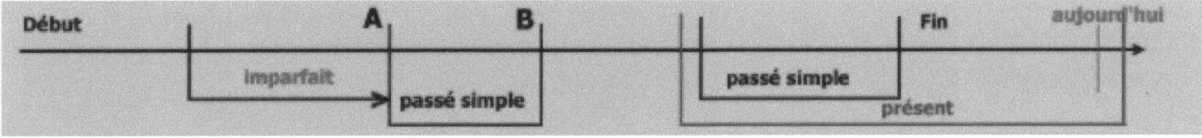

2.4 Actions individuelles et trains d'actions

Nous n'avons jusqu'à présent parlé que des actions individuelles, qui sont des actions qui se trouvent réunies de façon fortuite.

2.4.1 Actions individuelles

Prenons l'exemple de Jules, qui est allé à Londres pour le Nouvel An. Il logeait à l'hôtel Blackmore, près de Hyde Park.
Le 1ᵉʳ janvier 2014, en sortant de sa chambre, il trébucha sur un corps. On pourra donc dire :

Un jour, il sortait de sa chambre lorsqu'il trébucha sur un corps.

Le fait qu'un corps soit couché devant la porte de Jules est une action fortuite. La veille, ce n'était pas le cas, et il y a de grandes chances que l'histoire ne se répète pas.

Définition : actions individuelles.

Nous appellerons actions individuelles des actions indépendantes les unes des autres, qui se retrouvent réunies par les circonstances de façon unique.

Ex : *Un jour, Jules sortait de sa chambre lorsqu'il trébucha sur un corps*

Notez bien que l'histoire que nous avions racontée sur le bateau qui coulait et que l'équipage abandonnait était elle aussi constituée d'actions individuelles.

Emploi des temps simples du passé

2.4.2 Trains d'actions
Mais il existe aussi des actions qui arrivent en groupe. Par exemple :
Quand Juliette voit un bébé, elle s'approche de lui, lui sourit, le chatouille sous le menton et lui dit « Guili guili. »

2.4.2.1 Définitions
Les actions *voit, s'approche, sourit, dit* constituent un groupe parce que dès que la première action *Julie voit un bébé* a lieu, elle entraîne, comme une locomotive, les autres actions. Ce groupe d'actions entraîné par une action-locomotive constitue donc **un train**.
Contrairement aux actions individuelles, le train a toutes les chances de revenir, puisqu'il suffit que les conditions de l'action déclenchante (locomotive) soient réunies pour déclencher la suite.

Définition : train d'actions
Nous appellerons train d'actions un groupe d'actions dont la réalisation est déclenchée par une action que nous appellerons : *action déclenchante*, et familièrement, *locomotive*. Le train d'action se remet en marche dès lors que les conditions qui entraînent l'action déclenchante sont réunies.

Vous vous demandez sans doute : « Pourquoi se donner la peine de définir des actions individuelles et des trains d'actions ? »
Eh bien la raison en est simple. Alors qu'il faut réfléchir sur chaque action individuelle pour savoir à quel temps la mettre, les actions d'un train sont solidaires et s'emploient au même temps. La réflexion porte alors sur l'ensemble du train.

Comme nous l'avons fait pour les actions individuelles, nous allons appliquer les règles précédentes, mais en les adaptant au train.

2.4.2.2 Le train est encore en marche quand l'action suivante commence.
Prenons l'exemple de Juliette qui souffre d'une allergie aux fraises.
Quand Juliette mangeait des fraises, elle avait une allergie et se grattait jusqu'au sang. Un jour elle alla voir le médecin, le docteur Roméo.

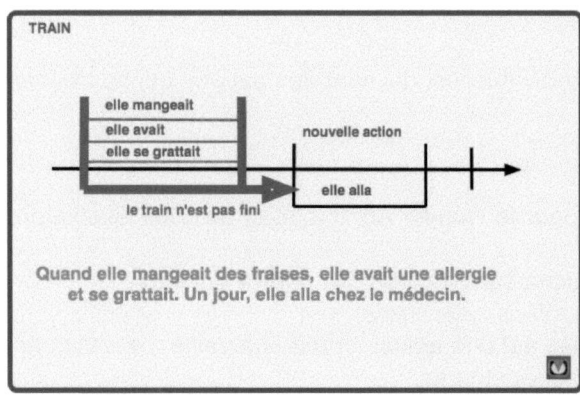

Je ne vous apprendrai rien en vous disant que nous avons ici un train d'actions (*manger, avait, se grattait*) et une action individuelle (*aller chez le médecin*).
Lorsque l'action d'aller chez le médecin commence, le train n'est pas interrompu, car **la capacité de l'action déclenchante à entraîner une allergie existe encore**. Autrement dit, la prochaine fois que Juliette mangera des fraises, il y a de fortes chances pour que le train se remette en marche. Il est donc logique de mettre le train, plus exactement, toutes les actions qui le composent, à l'imparfait.

D'où la règle :

Règle 1 : **Le train est encore en marche lorsque l'action suivante commence**
Si un train d'actions au passé est encore en marche lorsque l'action suivante commence, ce train, c'est-à-dire chacun des verbes qui le constituent, se met à l'imparfait.

2.4.2.3 Le train ne fonctionne plus quand l'action suivante commence.
Reprenons l'exemple de Juliette. Elle est morte l'année dernière, renversée par un autobus.

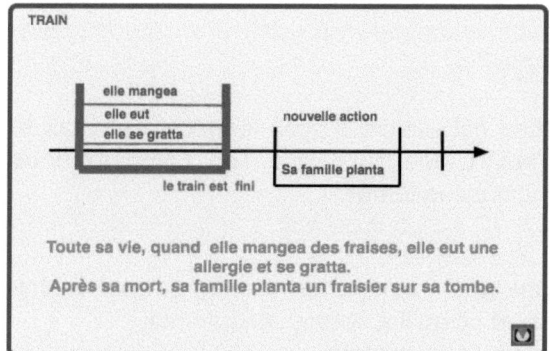

Nous pourrons dire :
Toute sa vie, quand Juliette mangea des fraises, elle eut une allergie et se gratta jusqu'au sang. Sa famille planta un fraisier sur sa tombe.

Lorsque la famille planta un fraisier sur sa tombe, le train était terminé, avec la vie de Juliette. En effet, l'action déclenchante *Juliette mange des fraises* ne peut plus avoir lieu, et ne pourra donc plus entrainer le train d'actions.

Ce train s'étant arrêté de lui-même, avant que ne commence l'action suivante, il sera logique de le mettre au passé simple.

Règle 2 : **Le train est arrêté lorsque l'action suivante commence**

Si un train d'actions au passé est arrêté lorsque l'action suivante commence, ce train, c'est-à-dire chacun des verbes qui le constituent, se met au passé simple.

Toute sa vie, quand Juliette mangea des fraises, elle eut une allergie et se gratta jusqu'au sang.

2.4.2.4 Le train contient la dernière action.

Comme pour les actions individuelles, les trains peuvent n'être suivis d'aucune nouvelle action. Dans ce cas, un train au passé se mettra au passé simple

Règle 3 : **Le train contient la toute dernière action**

Si un train d'actions au passé contient la dernière action, ce train, c'est-à-dire chacun des verbes qui le constituent, se met au passé simple.

2.4.3 Récapitulons les règles en tenant compte des actions individuelles et des trains

Règle 1 : **L'action (ou le train d'actions) n'est pas finie**

Lorsqu'une action individuelle passée ou un train passé est en marche au moment où une nouvelle action commence, cette action ou ce train (chacune des actions qui le compose) se met à l'imparfait.

Ex : *Elle mangeait quand il arriva.*
 Quand elle mettait des talons hauts, elle avait des crampes et ses pieds lui faisaient mal. Elle décida alors de mettre des souliers à talons plats.

Règle 2 : **L'action (ou le train d'actions) est finie**

Lorsqu'une action individuelle passée ou un train passé est arrêté au moment où une nouvelle action commence, cette action ou ce train (chacune des actions qui le composent) se met au passé simple.

Ex : *Elle mangea, puis sortit.*
 Pendant toute sa jeunesse, quand sa mère lui demanda de l'aider, elle fit semblant d'être malade.

2.5 Autrefois / Aujourd'hui

Lorsque l'on compare ce qui se faisait autrefois avec ce qui se fait aujourd'hui, on fait comme si aujourd'hui remplaçait autrefois. Il est donc normal que pour un fait passé qui n'est pas fini lorsque l'action nouvelle arrive on emploie l'imparfait.

Emploi des temps simples du passé

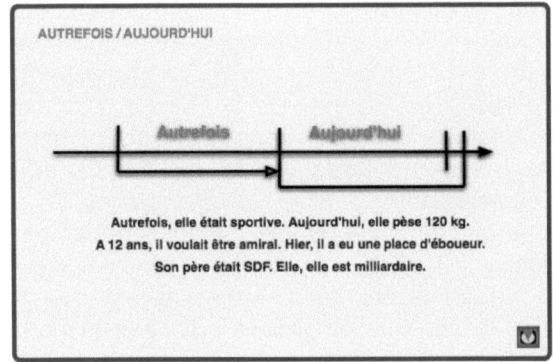

Ainsi :
> Autrefois, elle était sportive. Aujourd'hui, elle pèse 120 kg

Il n'est pas nécessaire d'avoir les mots autrefois et aujourd'hui. L'idée suffit que l'on compare deux situations dans le temps.
> A 12 ans, il voulait être amiral. Hier, il a eu une place d'éboueur.

On a bien là une comparaison entre ce qu'il voulait autrefois, et ce qu'il a obtenu aujourd'hui.
Considérez le court texte :
> Son père était SDF. Elle, elle est milliardaire.

On a bien, là aussi, un contraste entre son père, autrefois, et elle, aujourd'hui. La règle est :

Règle : **autrefois / aujourd'hui**
Lorsque l'on compare une situation d'autrefois à une situation à une époque plus récente, dont aujourd'hui, le ou les verbes qui concernent autrefois sont à l'imparfait.

Ex : *Autrefois, les gens mangeaient avec les doigts. Aujourd'hui, on utilise une fourchette.*

Autrement dit, la fourchette a remplacé les doigts.

2.6 Tout dépend du verbe

2.6.1 Attention au sens des verbes

Il arrive que la signification d'un verbe ait une influence sur le choix des temps :
Exemple :
- 1. *Un jour de 1715, le roi mourut. On l'enterra.*
- 2. *Le roi était mort. On l'enterra.*

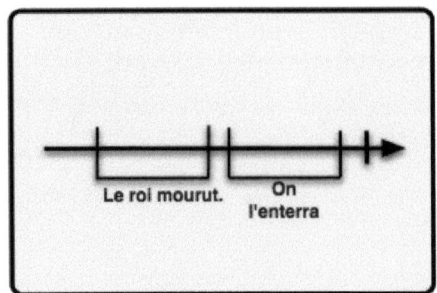

Pourquoi le verbe de l'action 1 est-il au passé simple, alors que celui de 2 est à l'imparfait ?

Dans la phrase 1, *l'action A* (celle qui commence la première), c'est *le roi mourut*. *L'action B*, celle qui commence la deuxième, c'est *On l'enterra.*
Nous avons ici deux actions individuelles. Bien sûr, le roi meurt une fois, et on l'enterre une seule fois.

Analyse : **Quand l'action B (on l'enterre) commence, l'action A est déjà finie.** Il faut qu'il ait fini de mourir pour qu'on ait le droit de l'enterrer !
Puisque l'action A (le roi meurt) est terminée lorsque B (on l'enterre) commence, nous devrons mettre le verbe de l'action A *au passé simple*, (au *passé composé* à l'oral).

Dans la phrase 2, nous avons le verbe *être*, suivi de l'adjectif *mort*.

Analyse : **Quand l'action B (on l'enterre) commence, l'action A n'est pas finie,** le roi n'a pas fini d'être mort, sinon, il serait à nouveau vivant. Il faut qu'il soit encore mort pour qu'on ait le droit de l'enterrer !

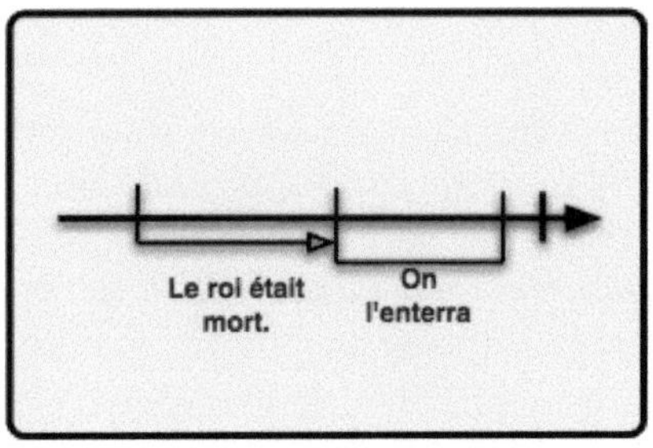

Puisque l'action A (le roi est mort) n'est pas encore finie lorsque B (on l'enterre) commence, il faudra mettre le verbe de l'action A ***à l'imparfait***.

D'ailleurs, ce n'est pas encore demain que le roi cessera d'être mort.

2.6.2 Les verbes bascules

Il existe des verbes qui décrivent une action qui se termine à peine ont-ils commencé.
Par exemple, si vous allumez la lumière électrique, il fait sombre juste avant, et dès que vous avec appuyé sur le bouton, la lumière jaillit immédiatement. Nous appellerons un tel verbe un verbe bascule, car il fait basculer de l'état initial *éteint* à l'état final *allumé*, sans transition.

En quoi cela nous intéresse-t-il pour l'emploi des temps du passé ?

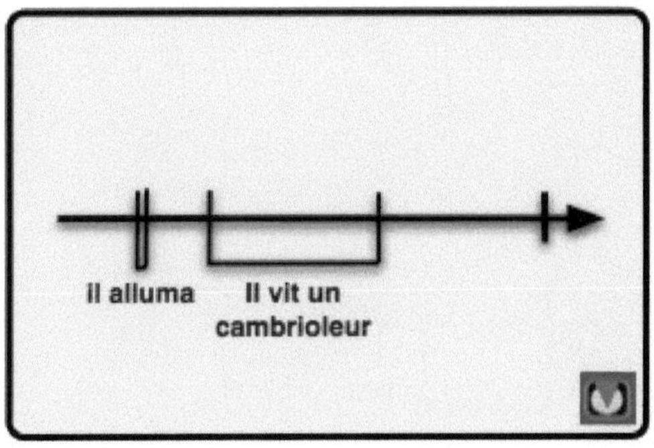

Eh bien avec un tel verbe, on aura beaucoup de peine à faire démarrer une nouvelle action entre le début et la fin de l'action, et donc, l'imparfait est impossible.
Il alluma la lumière et vit un cambrioleur. (1)

Sauf si le verbe est dans un train qui est encore en marche lorsque la nouvelle action arrive.
Il était très peureux, et lorsqu'il allumait la lumière, il avait peur de voir un cambrioleur. Un jour, il décida de faire du karaté. (2)

Les verbes bascules les plus importants sont :

- *Allumer et éteindre l'électricité, rencontrer qn, voir qn* (dans le sens de le rencontrer), *tomber sur qn* (= rencontrer qn par hasard).
- *Regarder* (un peu), *écouter* (un peu), *sentir* (un peu), *toucher* (un peu), *goûter* (un peu), *réfléchir* (un peu).

Cette deuxième série de verbes est particulièrement intéressante, car elle signifie : **mettre en alerte un organe** (œil, oreille, nez, peau, langue et palais, cerveau) **pour le cas où il y aurait quelque chose à constater avec l'organe utilisé**.

https://secure.mesanalyses.fr/access/login.pl?check=session&plugin=true#**Les verbes de perception et de pensée**

Quand il s'agit des verbes de perception, et des verbes sur l'activité cérébrale, nous avons une chaîne de 3 verbes.

❉Action volontaire / involontaire :

Par exemple, vous ferez la différence entre ***voir*** et ***regarder, entendre*** et ***écouter***, ***penser*** et ***réfléchir***.
Pour toutes ces paires, le premier verbe désigne une **action involontaire**, le deuxième une **action volontaire**.

Exemple : *si mes yeux sont ouverts et s'il fait jour, je "**vois**" des choses. Mais si quelque chose m'intéresse, par exemple, ma voisine en train de réparer son vélo, je vais "**regarder**".*

✱ Deux façons de faire volontairement les choses

Il y a deux façons de faire les choses volontairement. Par exemple, si vous voulez savoir s'il y a du champagne dans le frigo, vous direz à une personne qui vit avec vous : « *Regarde (un peu) dans le frigo s'il y a du champagne.* »

Ce *regarde un peu* ne signifie pas : *tu vois du champagne, alors, regarde-le*, mais plutôt *allume ton œil*. Et lorsque la personne regardera, il y aura deux possibilités :

- ou bien il y a du champagne et elle le verra,
- ou alors il n'y en a pas, et alors, elle ne verra rien.

Ce verbe "*regarder*" (un peu) tout comme "*écouter*"(un peu), "*sentir*"(un peu), "*toucher*"(un peu), "*réfléchir*" (un peu) sont des verbes bascules. Ils ne pourront être à l'imparfait que lorsqu'ils seront dans un train en marche au moment où l'action suivante commence.

Nous avons donc le trio : 1. *regarder* (un peu) / 2. *voir* / 3. *regarder*.

Exemple : *Il regarda (1) (un peu) dans le programme, vit (2) le titre d'un film intéressant et se mit devant la télévision. Il regardait (3) depuis une heure lorsque sa mère lui dit d'aller se coucher.*

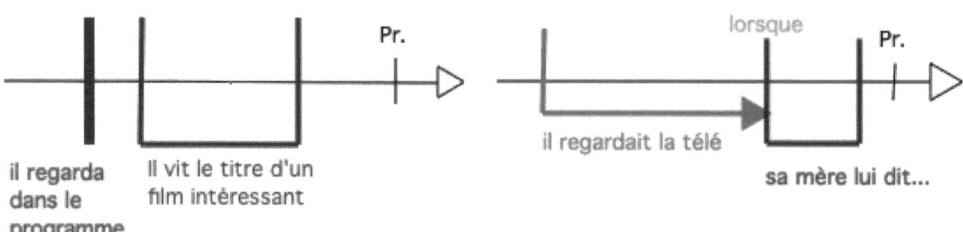

Notez que nos amis Belges disent regarde une fois. Et quand on leur dit « Pourquoi une fois ? Pourquoi pas deux ? », ils rétorquent : « Pourquoi un peu ? Pourquoi pas beaucoup ? » Et ils n'ont pas tort, quoique nous ayons raison…

2.6.2.1 Comment reconnaître un verbe bascule ?

> *Règle* : reconnaître un verbe bascule
>
> **Il s'agit "d'allumer le système" (vision, audition, odorat, goût, toucher, cerveau), pour que, s'il y a quelque chose, on soit capable de s'en rendre compte. On doit trouver dans le texte une recherche.**

Voici quelques exemples :
Exemple 1 : *Regarde par la fenêtre pour voir si Paul est réveillé.*
Madame ne sait pas si Paul, son voisin, est réveillé. Elle demande à monsieur d'allumer son système œil/cerveau pour constater s'il y a un signe du réveil de Paul (fenêtres ouvertes) ou non. Comme il n'a encore rien vu, madame emploie un verbe bascule.

Exemple 2 : *Écoute, chérie ! Je crois que les voisins se disputent !*
Monsieur a entendu du bruit ou des cris, ce qui lui laisse penser que les voisins se disputent. Il demande à sa femme d'allumer son système auditif pour savoir si elle entend, elle aussi, des bruits de disputes.

Exemple 3 : *Si tu veux trouver la solution, réfléchis donc !*
Ce pauvre garçon fait ses devoirs. Il n'arrive pas à savoir combien font 15% de 200 €. Sa mère

l'encourage en lui demandant de mettre en marche son cerveau.

Exemple 4 : Goûte un peu la soupe. Je ne sais pas si j'ai mis assez de sel!
Il faut allumer le système du goût pour vérifier s'il y a assez de sel.

2.6.2.2 Comment les utiliser.
Il nous reste à voir comment utiliser les verbes bascules selon les cas :

✼ **En actions individuelles**

Exemples :
- *Il regarda dans le journal pour voir la météo.*
- *Elle écouta attentivement pour savoir si son voisin était rentré.*
- *Le détective réfléchit pour se rappeler s'il avait bien fermé le robinet du gaz.*

✼ **En trains d'actions**
On peut en considérer de deux sortes :

✼ **Le train qui s'arrête tout seul avant l'arrivée d'une nouvelle action :**

Exemple : Toute sa vie, il regarda avant de sortir pour voir si le robinet était fermé.

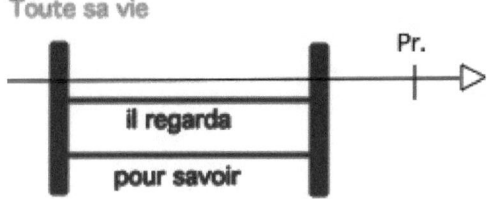

➔ *Le train encore en marche à l'arrivée d'une nouvelle action :*

Exemple : Depuis l'âge de 18 ans, il regardait avant de sortir pour voir si le robinet était fermé lorsqu'un jour, sa femme lui dit que c'était un toc et qu'il devait consulter un médecin.

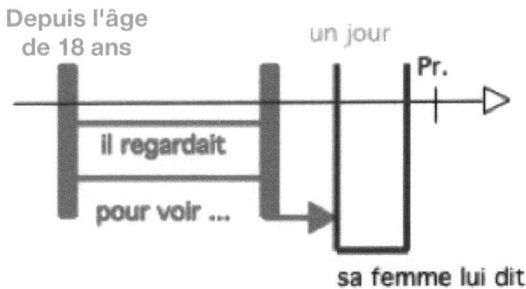

Remarque : Si vous avez déjà vu quelque chose, vous pouvez le regarder si cela vous intéresse. Mais alors, ce ne sera plus le verbe bascule.

2.6.3 Sens particulier du verbe devoir suivi de l'infinitif
Le verbe *devoir* a plusieurs significations. Celle qui nous intéresse nécessite que soient remplies plusieurs conditions :

- Le verbe *devoir* doit être à l'imparfait.
- Il doit y avoir avant une série d'actions qui se succèdent, dont celle qui se trouve à l'infinitif, amenée par le verbe *devoir*, est la conclusion.

> **Voici une histoire un peu mouvementée :**
> Paul conduisait un peu trop vite sur cette route de montagne. Tout à coup, il dérapa dans un virage. La voiture quitta la route, plongea dans le ravin, fit trois tonneaux, et repartit sur ses quatre roues. *Elle devait terminer sa course contre un arbre.*

Cette dernière action à l'infinitif, précédée du verbe *devoir* à l'imparfait, est en quelque sorte *la conclusion de la série d'actions.*

> Règle :
> **Lorsqu'une série d'actions se termine par le verbe "devoir" à l'imparfait, suivi d'un verbe à l'infinitif, ce dernier constitue la fin quasiment logique, la conclusion de cette série.**

Quelquefois, on emploie la préposition *pour* devant l'infinitif :

*Elle repartit sur ses quatre roues **pour terminer** sa course contre un arbre.*

Pourquoi employer l'imparfait ?

Il s'agit ici d'un **imparfait de ralenti**. On ralentit une action importante avant qu'elle ne se termine pour que la fin arrive moins vite, ce qui lui confère une plus grande importance. C'est comme si l'on regardait la fin de l'action avec une loupe, pour en profiter plus longtemps. (Voir les valeurs stylistiques de l'imparfait.) Mais on pourrait aussi ne rien ralentir en disant : *"il termina sa course contre un arbre".*

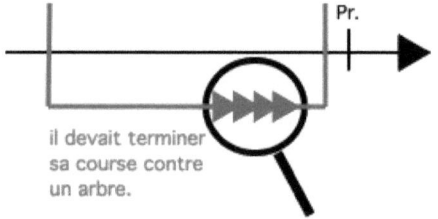

Vous trouverez plus de détails sur l'imparfait de ralenti dans le chapitre sur l'emploi de l'imparfait.

2.7 Tout dépend de la conjonction (ou de la préposition)

Il est bien connu que les conjonctions jouent un grand rôle, en combinaison avec les verbes, dans l'expression du temps.

Les mêmes idées peuvent être présentées de façons différentes. Voyez donc ces trois exemples :

- *Le président présenta sa politique, puis, il critiqua l'opposition.*
- *Le président présenta sa politique avant qu'il ne critiquât l'opposition.*
- *Après que le président eut présenté sa politique, il critiqua l'opposition.*

Ces trois phrases nous présentent la même histoire, tout en mettant l'accent sur des éléments différents. Comme vous pouvez le voir, les temps changent en fonction des conjonctions utilisées et le découpage de la phrase varie d'un cas à l'autre. Ceci permet de conférer plus d'importance à certaines informations, en général, celles que l'on met à la fin.

Parmi le grand nombre de conjonctions à valeur temporelle, nous avons choisi celles qui, à notre avis, ont le plus d'influence dans le choix des temps simples du passé. Il s'agit des conjonctions ou prépositions :

- Et (puis)
- Quand / lorsque
- Depuis (préposition)
- Chaque fois que / toutes les fois que
- Pendant que / tandis que / alors que
- Comme

Nous vous conseillons de lire avec une attention toute particulière les paragraphes sur l'emploi de *quand* et de *lorsque*, qui devraient éclairer votre lanterne sur l'emploi de l'imparfait et du passé simple.

Il vous faudra, dans votre réflexion sur les temps, toujours vérifier si vous ne vous trouvez pas dans l'un de ces cas.

2.7.1 Et (puis)

Et est une conjonction de coordination permettant de relier entre eux deux éléments de même nature. *Puis* est un adverbe de temps. L'utilisation conjointe des deux n'est pas obligatoire. On pourra dire indifféremment *et*, *puis* ou encore *et puis*.

❋ **Cas d'actions individuelles**

> Voici une histoire courte, mais utile :
> *Paul cherchait un travail. Il trouva une annonce intéressante, écrivit son CV et sa lettre de motivation, alla à la poste, mit la lettre dans la boîte et (puis) attendit.*
> *Un mois plus tard, il reçut une réponse : il avait le poste*

Ce qui est intéressant dans ce texte, c'est la partie *mit la lettre dans la boîte et (puis) attendit*. En effet, quand il reçoit la lettre, on peut supposer qu'il attend encore, et on serait tenté de mettre le verbe attendre à l'imparfait.
Cela serait vrai si l'on écrivait : *Il attendait depuis 2 semaines lorsqu'il reçut une lettre.*

Dans ce cas, on mettrait l'accent sur le fait qu'il est *en train d'attendre lorsque la réponse arrive*. (voir *lorsque* introduisant l'action B)

Mais ici, nous présentons les choses autrement : nous avons une série d'actions individuelles au passé simple puisque lorsqu'une action commence, celle qui a commencé avant est déjà terminée, et que cette série se termine par *et puis* suivi d'une action. On présente cette dernière action comme *la fin de la série*, et cette action signifie : *et il se met dans la position d'attendre*.

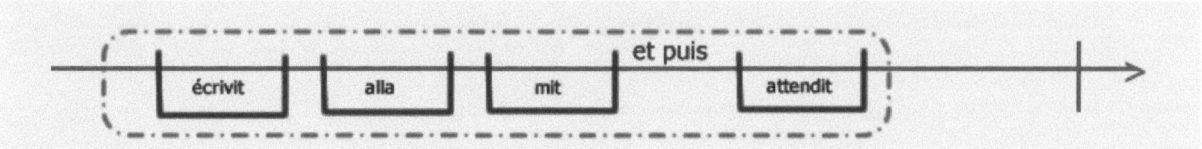

Cela devrait vous rappeler le principe des verbes bascules où l'important, c'est le fait qu'on se mette en position de recevoir des informations. Ici Paul a fait tout ce qu'il fallait pour avoir le poste. Il ne lui reste plus qu'à attendre. Il se met en position d'attendre, et puis, c'est fini !
D'ailleurs, si cette attente dure trop longtemps, il se peut bien qu'il oublie sa lettre et que, donc, il arrête d'attendre.

> **Règle de l'emploi de *et (puis)***
>
> **Lorsqu'une série d'actions individuelles au passé simple se termine par *et (puis)* suivi d'un verbe désignant la dernière action de cette série, ce dernier verbe se met lui aussi au passé simple.**

Notez : Vous vous êtes peut-être demandé la raison de l'emploi de l'imparfait dans *il avait le poste*. Eh bien lorsque le DRH (le directeur des ressources humaines) lui a écrit la lettre pour lui annoncer l'heureuse nouvelle, il était clair qu'il avait le poste, et il l'avait bien sûr encore lorsqu'il a reçu la lettre.

→ **Cas de trains d'actions**

On peut bien sûr imaginer de placer une liste d'actions dans un train. **En fait, le fait qu'il s'agit d'un train a priorité sur tout le reste**. Dans ce cas :

☐ Si le train est encore en marche lorsque l'action suivante commence, on mettra tous les verbes de la liste à l'imparfait.

> *Lorsque Paul **tombait** amoureux d'une fille, il lui **écrivait** une lettre enflammée, lui **envoyait** des fleurs, **chantait** une sérénade sous ses fenêtres, et **attendait** sa réaction. Un jour, refroidi par une série de refus, il **décida** de se faire moine.*

☐ Mais si le train ne marche plus lorsque l'action suivante commence, on mettra tous les verbes de la liste au passé simple.

> *Toutes les fois que Paul **tomba** amoureux d'une fille, il lui **écrivit** une lettre enflammée, lui **envoya** des fleurs, **chanta** une sérénade sous ses fenêtres, et **attendit** sa réaction. Un jour, dix ans après sa mort, sa fille Agnès **retrouva** le brouillon de ses lettres.*

2.7.2 Depuis / cela faisait ...que / il y avait ... que

Ces trois tournures sont équivalentes :
> *Il travaillait **depuis** quarante ans lorsqu'il décida de partir à la retraite.*
> ***Cela faisait** quarante ans **qu'**il travaillait lorsqu'il décida de partir à la retraite.*
> ***Il y avait** quarante ans **qu'**il travaillait lorsqu'il décida de partir à la retraite.*

Dans ces trois cas, on mesure une durée qui précède l'arrivée d'une action. Bien entendu, cette durée est encore valable au moment où commence cette nouvelle action. Sinon, pourquoi chiffrer cette durée à quarante ans, si ce n'était plus la bonne durée ?
Comme d'habitude, nous allons examiner l'emploi de la tournure sous la forme d'actions individuelles et de trains d'actions.

✳ **Actions individuelles**

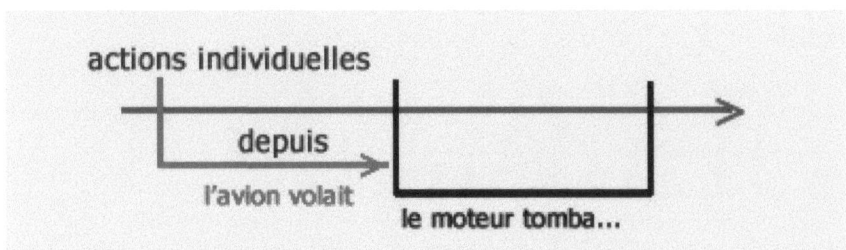

- L'avion volait sous pilote automatique depuis 2 heures lorsqu'un moteur tomba en panne.
- Cela faisait 2 heures que l'avion volait sous pilote automatique lorsqu'un moteur tomba en panne.
- Il y avait 2 heures que l'avion volait sous pilote automatique lorsqu'un moteur tomba en panne.

Emploi de depuis / cela faisait ... que et il y avait ... que en actions individuelles
La préposition *depuis*, de même que la construction *cela faisait ...que / il y avait ... que* introduisent l'action qui a commencé la première pour dire qu'elle n'est pas terminée au moment où l'action suivante commence. Il est donc logique d'employer l'imparfait. Elles servent à préciser la durée depuis laquelle l'action A a commencé lorsque débute l'action B.

✽ Trains d'actions

1. Train qui est encore en marche quand une nouvelle action commence

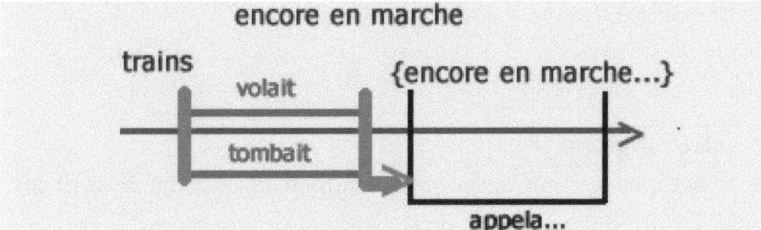

La compagnie aérienne Air Bachat a alerté la police parce que quarante avions avaient eu un problème au cours des quinze derniers jours. *Chaque fois, l'avion volait depuis 2 heures sous pilote automatique lorsque l'un des moteurs tombait en panne.*

Nous avons ici le cas typique du train qui marche encore (une 41ème panne est attendue, puisque la compagnie n'a toujours pas trouvé la cause du problème). **Les actions du train se mettent donc à l'imparfait.**

2. Lorsque le train va du début à la fin, sans qu'une nouvelle action ne débute

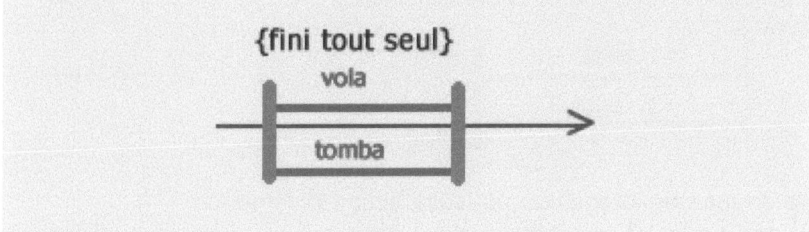

toutes les actions se mettent au passé simple. *On ne pourra donc pas employer **depuis**, **cela faisait que** ou **il y avait ... que**, qui nécessitent l'imparfait.*

Exemple : *Ce fut chaque fois la même chose : le pilote **mit** le pilote automatique et, deux heures après, l'un des moteurs **tomba** en panne.*

2.7.3   Quand / Lorsque

Les conjonctions *quand* et *lorsque* sont synonymes. Vous pouvez donc employer l'une ou l'autre, comme vous voulez.

 *Attention : **quand** s'emploie aussi comme mot interrogatif. Ce n'est pas le cas de **lorsque**.*
- Mot interrogatif : ***quand*** est-ce qu'il se décidera à se marier ?
- Conjonction : ***quand*** les poules auront des dents ! (= jamais)

Ces deux conjonctions sont très utilisées, et donc très importantes. Et comme elles sont très utilisées, elles ont plusieurs emplois possibles. Nous devrons voir :
- *Quand / Lorsque* à valeur logique
- Valeur temporelle : *quand/lorsque* introduit l'action B
- Valeur temporelle : *quand/lorsque* introduit l'action A
- Valeur temporelle : *quand/lorsque* exprime l'antériorité

Rappelons que A est l'action qui commence la première, et B, celle qui commence la 2ème.

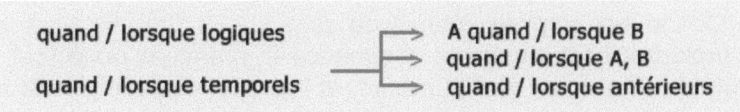

2.7.3.1 QUAND / LORSQUE : Logiques

Il y a beaucoup de règles de grammaire, de lois ou d'explications de toutes sortes dans lesquelles on emploie les conjonctions **quand** et **lorsque**
> **Exemple** : *Lorsqu'un triangle a trois côtés égaux, il est "équilatéral".*

Passons à l'emploi des temps.

Règle d'emploi de quand/lorsque à valeur logique
Lorsqu'on emploie *quand* ou *lorsque* avec *une valeur logique*, l'action A et l'action B sont au même temps.

Ce temps peut être :
* Le **présent** parce que cela est vrai aujourd'hui encore:
    (1) *Quand on plonge un corps dans un liquide, il est soumis (présent passif) à la poussée d'Archimède.*

* Le **passé simple** pour un train terminé avant le départ d'une nouvelle action:
    (2) *Sous toute la monarchie, quand un sujet insulta le roi, on le mit en prison.*

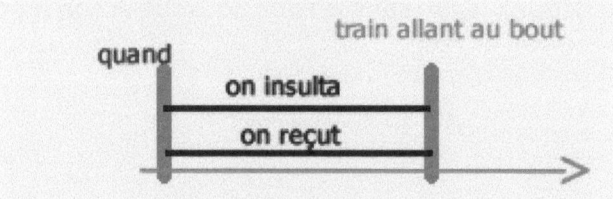

* L'**imparfait** pour un train encore en marche lorsqu'une nouvelle action commence :
    (3) *Sous la monarchie, quand un sujet insultait le roi, il recevait une sévère punition. La révolution mit fin à cet abus.*

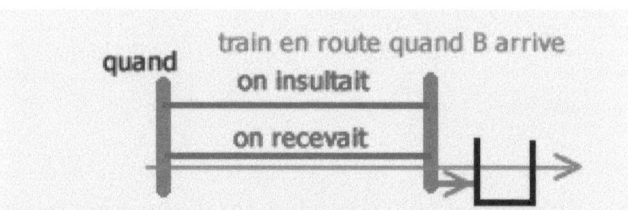

> **Notons**
>
> On voit bien que, dans le cas n° 2, le *train "action / punition"* va du début à la fin de la période délimitée par *sous la monarchie*, et s'éteint avec cette période sans que rien de nouveau n'intervienne. C'est pour cela que l'on emploie le *passé simple*.
> En revanche, dans le cas n° 3, le *train "action / punition"* est encore en route lorsqu'intervient un fait nouveau : *la révolution de 1789*. C'est pour cela que les actions du train sont à **l'imparfait.**

2.7.3.2 Quand / lorsque introduit l'action B

 Attention : Quand on emploie *quand* ou *lorsque*, il faut toujours se demander si **la conjonction introduit l'action A**, qui commence la première **ou B**, celle qui commence la 2ème. En effet, **la signification n'est pas la même, et l'emploi des temps est très différent selon les cas.**

Règle de l'emploi de *quand / lorsque* introduisant l'action B
Lorsque la conjonction *quand* introduit l'action B, l'action qui commence la deuxième, on met l'accent sur l'effet de surprise. On fait commencer l'action A, et l'action B vient surprendre l'action A en plein essor.

Exemple : M. Dupont ouvrait le colis lorsqu'il lui explosa à la figure.

Lorsque l'on cite B avant A, l'effet de surprise n'a plus lieu puisque l'on sait déjà ce qui s'est passé en deuxième avant de savoir ce qui s'est passé en premier. On a alors les conditions dans lesquelles cela s'est passé :

Exemple : Lorsqu'il fit la connaissance de sa future femme, il promenait son chien.

Attention *:* **On ne peut pas employer de trains lorsque *quand* introduit B**. En effet, si un train se répète, il ne saurait y avoir de surprise parmi les actions qui le composent.

2.7.3.3   quand / lorsque introduit l'action A

✱ **Actions individuelles avec** *quand / lorsque + A*

Règle de l'emploi de quand lorsque introduisant l'action A (action individuelle)
Quand Lorsque / Quand **introduit l'action A, cela veut dire que** *les actions A et B ont eu lieu ensemble*, *A commençant la première*. **Elles se mettent au même temps : le passé simple (au passé composé à l'oral).**

Exemple : Lorsque M. Dupont descendit de sa voiture, il fut renversé *(passé simple passif)* par une moto.

***Quand* introduisant l'action A** met donc l'accent sur le fait que **les deux actions ont eu lieu ensemble**. Le fait que M. Dupont soit renversé a lieu pendant qu'il descend de sa voiture.

- *Exemple 1* : Quand M. Dupont descendit de sa voiture, il fut renversé par une moto.
- *Exemple 2* : M. Dupont fut renversé par une moto quand il descendit de sa voiture.

C'est le fait que les deux actions soient au même temps qui nous montre que *quand* introduit l'action qui commence la première, et que l'on privilégie le fait qu'elles aient lieu ensemble.

✱ **Train d'actions avec** *quand / lorsque + A, B*

Comme dans tous les trains, il y a deux cas :

Emploi des temps simples du passé

1. Le train est en marche lorsqu'une action nouvelle arrive:
Les actions du train se mettent à l'imparfait

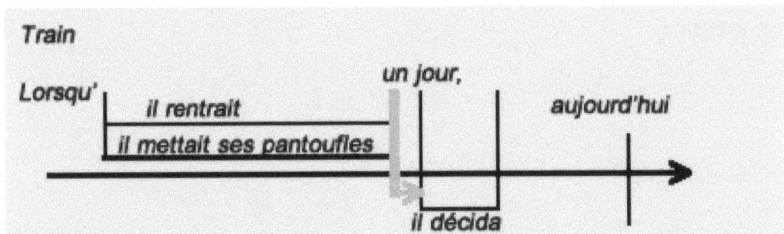

Exemple : Lorsque M. Dupont rentrait chez lui, il mettait ses pantoufles. Un jour, il décida de rester les pieds nus.

❋ **Le train va jusqu'au bout et s'arrête avant qu'une action nouvelle n'arrive:**
Les actions du train se mettent au passé simple (au passé composé à l'oral).

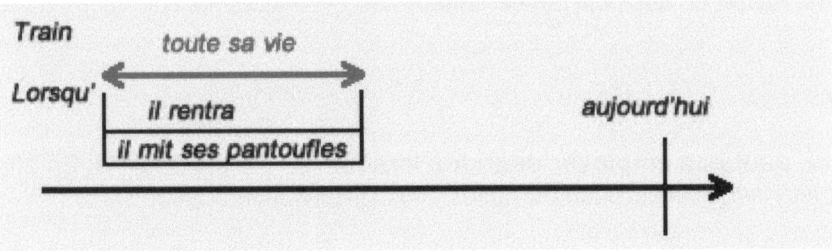

Exemple : Toute sa vie, lorsque M. Dupont rentra chez lui, il mit d'abord ses pantoufles.

2.7.4   Quand / lorsque et l'antériorité

Les conjonctions **quand** et *lorsque* peuvent aussi être employées pour marquer l'antériorité. Dans ce cas, elles introduisent l'action A, qui a commencé la première, et s'emploient avec le temps composé qui correspond à l'action principale, à savoir :
- Le *passé composé* lorsque l'action B principale est au *présent*: lorsqu'il *a mangé*, il dort.
- Le *passé antérieur* lorsque l'action B principale est au *passé simple*: lorsqu'il **eut mangé**, il **dormit**.
- Le *plus-que-parfait* lorsque l'action B principale est à l'*imparfait* : lorsqu'il **avait mangé**, il **dormait**.
- Le *futur antérieur* lorsque l'action B principale est au *futur simple*: lorsqu'il **aura mangé**, il **dormira**.
- Le *passé surcomposé* lorsque l'action B principale est au *passé composé* : lorsqu'il **a eu mangé**, il **a dormi**.

Dans chacun de ces cas, l'action A a commencé avant l'action B, et elle s'est arrêtée avant que d'autres ne commencent.
Ainsi, *quand / lorsque* sont ici synonymes de *après que / une fois que.*

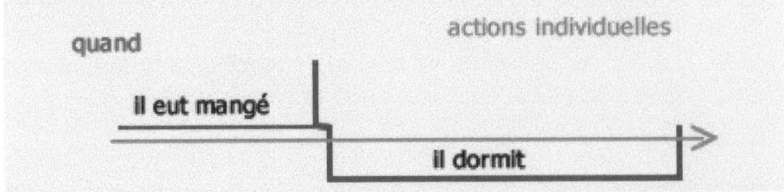

ATTENTION ! Bien entendu, à l'oral et à l'écrit, dans un style peu soutenu, on emploie le passé composé à la place du passé simple. Le passé antérieur est alors remplacé par le passé surcomposé lorsque le verbe est conjugué avec *avoir*.

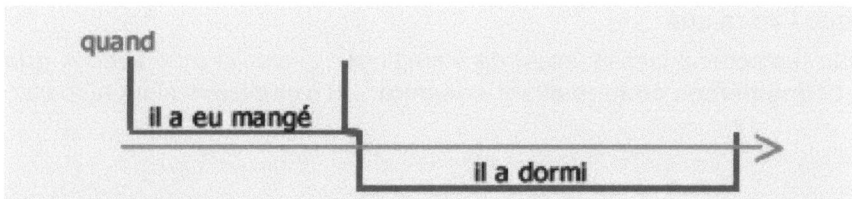

Lorsque l'auxiliaire est *être*, on emploie un autre passé composé pour marquer l'antériorité.
Exemple : *Quand son mari est sorti, Mme Durand va vite chez son voisin.*

2.7.5   Chaque fois que/ toutes les fois que

Chaque fois que et *Toutes les fois que* ne s'emploient que dans des ***trains d'actions***, et ***introduisent l'action A***, celle qui commence la première. Ils ont la même valeur que *quand / lorsque*.
Il y a deux cas :
❉ **Le train fonctionne quand B commence**
Dans ce cas, tout le train introduit par ***toutes les fois que / chaque fois que*** se met à l'*imparfait*.

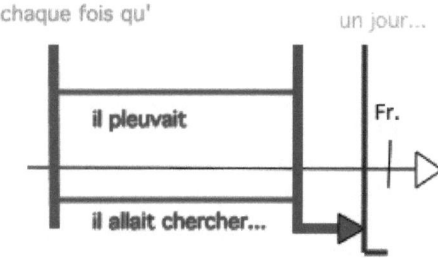

Exemple : *Toutes les fois qu'il pleuvait, Paul allait chercher des champignons. Un jour, il fit la connaissance de Jeanine, qui n'aimait pas la pluie.*

Exemple : *Lorsqu'il pleuvait, Paul allait chercher des champignons. Un jour, il fit la connaissance de Jeanine, qui n'aimait pas la pluie.*

❉ **Le train ne fonctionne plus quand B commence**

Dans ce cas, tout le train introduit par *toutes les fois que / chaque fois que* va du début à la fin, sans être interrompu par une nouvelle action. Toutes les actions du train se mettent au **passé simple**, au passé composé à l'oral.

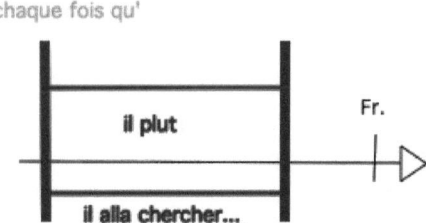

Exemple :
- Pendant toute sa jeunesse, **toutes les fois qu'**il plut, Paul alla chercher des champignons.
- Pendant toute sa jeunesse, **chaque fois qu'**il plut, Paul alla chercher des champignons.
- Pendant toute sa jeunesse, **quand** il plut, Paul alla chercher des champignons.

2.7.6 Pendant que/ tandis que / alors que

Nous vous avons conseillé, pour les actions individuelles, de n'employer *quand/lorsque* avec A **que lorsque les deux actions sont considérées comme allant ensemble**, et s'emploient alors au passé simple.
Exemple : Quand il rentra chez lui, il trouva sa femme dans les bras du voisin.

Dans le cas où l'action A est à l'imparfait, et qu'une nouvelle action arrive *avant que A ne soit finie*, nous vous avons conseillé d'employer *quand / lorsque* avec B:
Exemple : Il rentrait chez lui quand il trouva sa femme dans les bras du voisin.

Mais vous pouvez aussi introduire l'action A employée à l'imparfait par *pendant que, tandis que, alors que* pour créer l'effet de surprise bien connu.

Ainsi, on aura, pour ménager l'effet de surprise :
- *Pendant qu'* il rentrait chez lui, il vit sa femme qui embrassait le voisin.
- *Tandis qu'* il rentrait chez lui, il vit sa femme qui embrassait le voisin.
- *Alors qu'* il rentrait chez lui, il vit sa femme qui embrassait le voisin.

Sans changement de sens, on pourra aussi, pour montrer à quelle occasion il a surpris sa femme avec le voisin, intervertir l'ordre des propositions :
- Il vit sa femme qui embrassait le voisin *pendant qu'* il rentrait chez lui.
- Il vit sa femme qui embrassait le voisin *tandis qu'* il rentrait chez lui.
- Il vit sa femme qui embrassait le voisin *alors qu'* il rentrait chez lui.

Règle d'emploi de pendant que/ tandis que / alors que
Même si on préfère en général la solution *quand/lorsque*, **on peut aussi employer ces trois locutions conjonctives dans le cas des trains, mais toujours pour introduire l'action A, celle qui commence la première et qui dure encore au moment où une nouvelle action commence.**

On aura alors:
- Toute sa vie, il fit la vaisselle alors que sa femme regarda la télévision. (Train qui va jusqu'au bout)
- *Alors que sa femme faisait la vaisselle, il s'asseyait devant la télévision. Un jour, elle en eut assez et le mit à la porte.* (Train en chemin lorsqu'arrive une nouvelle action.)

 Attention : Il y a une nuance entre les trois :
- *tandis que = pendant que,* avec une nuance de contraste :
    Tandis qu'il travaillait, sa femme se reposa.
- *alors que = tandis que* (contraste), mais peut avoir lieu à un autre moment que l'action B. :
    Il était SDF, alors que son ancêtre avait été l'homme le plus riche du monde.

2.7.7 comme

Il y a plusieurs variantes de *comme*, qui ont des sens différents :
- Comparaison : *Il est bête comme ses pieds.*
- Interjection : *Comme il est bête !*
- Temps : *Comme il entrait dans la pièce, il aperçut un homme qui s'échappait par une fenêtre.*

Règle : d'emploi de comme.
Comme **temporel désigne une action A qui** *vient juste de commencer*, **et qui** *n'est pas finie, lorsqu'une action B commence.*

Exemple : Comme il sortait de chez lui, il vit sa voisine portant un énorme sac.

Comme souligne le fait qu'il venait juste de commencer à sortir. On l'emploiera chaque fois qu'il est important que l'on comprenne que l'action A avait à peine commencé.

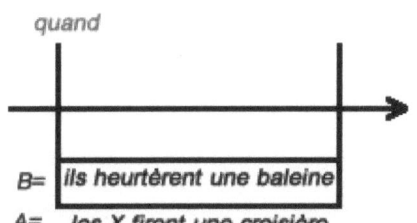

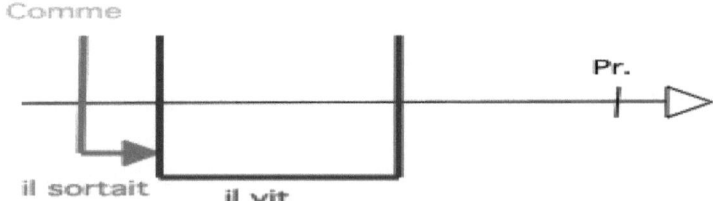

🛆 *Attention :* On n'emploiera pas *comme* dans un train. En effet, l'important, c'est ici **l'effet de surprise**, qui n'est pas possible dans un train, puisque les faits se répétant, il n'y a pas de surprise possible.

2.8 Raisons contextuelles

Il y a des cas où le contexte est important pour l'emploi des temps. Il en est en particulier ainsi dans les cas suivants, que l'on peut interpréter d'une façon ou d'une autre, selon le contexte :
- Le début d'un texte.
- Quand on a été témoin d'un fait.
- Quand on revit le passé
- Quand on s'excuse avec les expressions *je ne savais pas* et *je croyais*.

2.8.1 Notions de contexte

Nous connaissons les principes de l'emploi des temps simples du passé.
Bien sûr, il faut respecter les règles, mais nous sommes libres de présenter les choses comme nous le voulons.

Nous pouvons :
- choisir de *présenter les faits avec tous les détails*, pour surprendre notre lecteur.
- Au contraire, *présenter les faits dans leur ensemble*, sans nous attarder sur les détails.

Règle
Pour la même histoire, nous pouvons choisir l'une ou l'autre des deux méthodes. C'est au locuteur de choisir sa façon de présenter les choses.

2.9   Notions de déroulement

On présente tous les détails: *A lorsque B / Lorsque B, A*

Exemple : L'année dernière, les X faisaient une croisière lorsqu'ils heurtèrent une baleine.

Qu'est-ce que l'on apprend ?
Les X commencent une croisière (Action A à l'imparfait). Ils sont en train de faire cette croisière lorsqu'ils heurtent la baleine (action B introduite par quand).
Nous avons droit aux détails avec un *effet de surprise* : *coucou, voilà la baleine.*
Mais on ne sait pas si le bateau coule ou s'ils peuvent continuer leur croisière et la terminer.

On présente l'ensemble :
   Lorsque A, B / B lorsque A

Exemple : L'année dernière, lorsque les X firent une croisière, ils heurtèrent une baleine. Le premier jour, ils quittèrent le port vers 8 heures...

Qu'est-ce que l'on apprend ?
Les X font une croisière *jusqu'au bout* (action A introduite par quand et passé simple).
C'est pendant la croisière qu'ils heurtent la baleine.

On peut même revenir en arrière pour donner des détails.
Mais il n'y a pas d'effet de surprise. **On préfère donner l'information dans son ensemble.**

2.9.1   Notions de non-dit

Souvent, surtout lorsque l'on parle, on ne dit pas tout, la situation suffisant à expliquer les choses.

Exemple : *Vous avez un chien dans votre jardin. Le facteur sonne chez vous, le pantalon déchiré, les fesses en sang, accompagné d'aboiement de chiens, et il vous dit :* **J'apportais le courrier**...

Il n'y a pas besoin de discuter pendant des heures pour expliquer ce qui s'est passé. Le facteur apportait le courrier au moment où il a été attaqué par le gentil Médor. L'imparfait montre que, **même si l'attaque du chien est finie, le postier revit le moment où il apportait le courrier**, celui où le chien l'a attaqué.

On a un *imparfait* expliqué par un *non-dit* surtout lorsque :
- *l'on rapporte ce que l'on vient de vivre.*
- *l'on fait référence au passé.*
- *l'on veut être excusé.*

Règle sur le non-dit
Dans tous ces cas, on emploiera l'imparfait seul. En effet, comme l'action se déroulait encore quand le non-dit est arrivé, on est obligé d'employer l'imparfait. A notre auditeur de reconstituer le "non-dit" qui explique cet imparfait.

2.9.1.1 Quand on a été témoin d'un événement
Vous êtes en voiture, assis à côté de la conductrice. Tout à coup, vous voyez un homme tomber par une fenêtre. Le temps que vous repreniez vos esprits, votre voiture a déjà tourné au coin de la rue. Vous bredouillez : *Il y **avait** un homme qui **tombait** par la fenêtre.*

Pourquoi cet imparfait, puisque nous n'avons pas d'action B qui explique l'emploi de ce temps ?
Eh bien **vous vous servez de l'imparfait pour revivre la scène** avant qu'elle ne se termine, pour bien montrer que vous avez été témoin du fait.

Règle : quand on a été témoin
Quand on a été témoin d'une action au moment où elle se déroulait, on peut relater cette action à l'imparfait pour dire : *au moment où j'ai regardé, un homme tombait par la fenêtre.* **Cet imparfait exprime en même temps l'émotion que vous avez ressentie à ce moment-là**

Réfléchissons Peut-on mettre cette action au passé simple (au passé composé à l'oral) ?
Bien sûr, puisque l'action a eu lieu jusqu'au bout sans être interrompue :
> *Ce jour-là, un homme tomba (est tombé) par la fenêtre.*

Dans ce cas, on ne souligne pas que l'on a été témoin, que l'on a vécu cette action. On se contente de dire que **cette action a eu lieu jusqu'au bout**. Cela devient une histoire banale.

2.9.1.2 On fait référence au passé
Quand on fait référence au passé, il y a deux façons de s'y prendre :
- On relate les faits comme ils se sont passés, sans émotion.
- On revit les faits et on veut montrer son émotion.

Exemple : Vous êtes avec un ami et vous voyez un petit chien blanc. Vous en aviez un vous-même lorsque vous étiez enfant. Vous lui dites :
> *Dans ma jeunesse, **j'ai eu** un petit chien blanc.*

Vous n'exprimez par ce passé composé (passé simple à l'écrit) qu'une information sans la moindre émotion.

Exemple :
Vous auriez pu aussi ressentir une émotion et vouloir la partager avec votre ami. Dans ce cas, vous auriez dit, avec des larmes dans les yeux :
> *Moi aussi **j'avais** un petit chien blanc.*

Cet imparfait vous replonge dans votre passé, *au moment où a vécu ce petit chien.* Il montre que vous êtes en train de revivre la présence de ce petit chien.

On fait aussi souvent référence au passé pour montrer qu'on regrette le passé. Chacun sait que **c'était beaucoup mieux avant.**
Ainsi, votre mari ne vous apporte plus votre café au lit le matin. Cette année, il a même oublié votre anniversaire de mariage. Vous allez donc lui dire:
> *Autrefois, tu étais beaucoup plus gentil avec moi.*

Il n'y a pas de méthode qui soit meilleure que l'autre. C'est à vous de savoir ce que vous allez dire, en fonction de vos sentiments et de l'intention que vous avez, ou non, de les montrer.

Règle :
Quand on relate une action passée, positive ou négative, on peut le faire à l'*imparfait* pour montrer qu'on revit ce moment et pour partager avec l'interlocuteur les émotions que l'on éprouve en y repensant. On emploiera *le passé simple* (passé composé à l'oral) si l'on veut relater les faits sans montrer d'émotion

2.9.2 Ne pas savoir / croire introduisant une excuse

Il est important de savoir fournir une excuse lorsque l'on a été pris en faute.

✿ **Deux bonnes excuses**

Exemple : le jeune Jules a oublié son devoir à la maison. Comme le professeur le regarde d'un œil méchant, il lui dit, pour s'excuser:
« *Quand j'ai préparé mon cartable, je ne savais pas qu'il fallait l'apporter aujourd'hui.* »

Pourquoi cet imparfait ?
Au moment où il aurait dû mettre son devoir dans son cartable, avant de partir de chez lui, *il ne savait toujours pas qu'il fallait l'apporter*. Il a donc une excuse.
Il aurait pu dire aussi :
« *Je croyais que c'était pour demain.* »

Cela veut dire qu'au moment de faire ses devoirs, il pensait que c'était pour le surlendemain. Il aurait donc encore pu les faire le lendemain au soir. Là aussi, il a une excuse logique.

✿ **Une mauvaise excuse**

 Attention :
Beaucoup d'étrangers, qui n'ont pas encore acquis le sens de la langue, diraient :
* ~~Je n'ai pas su~~ *qu'il fallait l'apporter.*
C'est une mauvaise méthode, car cela veut dire qu'*au moment où ils auraient pu le prendre, ils avaient cessé de ne pas savoir*, et que donc, *ils savaient qu'il fallait l'apporter*. En effet, le passé composé *Je n'ai pas su* est terminé avant que l'action suivante, *j'ai su* ne commence, puisque **quand on arrête de ne pas savoir, on sait. Alors, si on sait, pourquoi ne l'apporte-t-on pas ?**

✿ **Une règle utile**

Règle pour avoir une bonne excuse :
Quand vous avez besoin d'une excuse pour expliquer pourquoi vous n'avez pas fait ce que l'on attendait de vous, vous pourrez employer un verbe (ou une expression) qui montre que vous ne saviez pas, ou que vous croyiez le contraire, en n'oubliant pas d'employer le verbe à l'imparfait, qui prouve que, au moment du choix, vous ne saviez pas qu'il fallait faire ce que vous n'avez pas fait.   **Vous plaidez l'ignorance pour expliquer l'acte manqué.**

Vous direz donc :
- *Je ne savais pas qu'il fallait le rendre aujourd'hui.*
- *J'ignorais qu'il fallait le rendre aujourd'hui.*
- *Je croyais qu'il fallait le rendre la semaine prochaine*

2.10 Emplois stylistiques
Voyez l'emploi stylistique de l'imparfait au paragraphe18.5.1.

2.11 Emplois grammaticaux de l'imparfait et du passé composé.
Vous trouverez les emplois grammaticaux de chacun des deux temps à la rubrique correspondante. Ces emplois n'ayant rien à voir avec le problème de la répartition des rôles entre l'imparfait et le passé simple, ils ne font pas partie de ce chapitre.

Emploi des temps simples du passé

3. Les temps simples du passé pour l'enseignant

Nous arrivons à l'un des points les plus importants et des plus délicats de cette grammaire : l'emploi des temps simples du passé.
Il est important car, sans une bonne connaissance de l'emploi de ces temps, il est absolument impossible de parler de façon différenciée et correcte du passé. Il est délicat parce qu'il repose sur la pragmatique, une façon de voir les choses en fonction de l'expérience que l'on en a et de la façon d'en parler dans sa langue.
Autrement dit, il faut acquérir l'expérience des francophones, et voir les choses sous le bon angle, le leur. Et c'est ce que nous allons nous employer à faire dans cette unité 19.

3.1 Les prérequis

Nous savons depuis longtemps qu'avant d'attaquer l'analyse et la résolution d'un problème, il faut disposer d'un minimum de connaissances nécessaires au travail que nous voulons entreprendre. Il faut donc, avant de se lancer dans cette étude :
- Connaître la conjugaison de l'imparfait, du passé simple, du passé composé.
- Connaître la conjugaison des temps composés de l'indicatif et le principe de l'antériorité dans les temporelles. Nous en aurons besoin lorsque nous aborderons les conjonctions.
- Oublier complètement les règles déjà apprises, qui ne reposent que sur des valeurs imprécises, le plus souvent statistiques, et qui sont absolument inutilisables.

Prérequis 1 : Conjugaison du passé composé :

Mettez le verbe entre parenthèses au passé composé. Ne reprenez pas les pronoms ni les négations. N'oubliez pas d'accorder les participes si besoin est.
Jeanne d'Arc gardait ses moutons lorsqu'elle (entendit) {01 : a entendu} une voix : " Jeanne, fais couronner le roi à Reims et boute les Anglais hors de France." Jeanne n'/ne (fit) {02 : a fait} ni une ni deux : elle (abandonna) {03 : a abandonné} ses moutons qu'elle (confia) {04 : a confié} à l'une de ses sœurs, (prit) {05 : a pris} le cheval de son père et (partit) {06 : est partie} sur les chemins.
Elle s'/se (rendit) {07 : est rendue} à Bourges, où se trouvait le roi qu'elle n'avait encore jamais vu. Averti de l'arrivée de Jeanne, celui-ci (mit) {08 : a mis} des habits tout simples pour ne pas être reconnu et se/s' (mêla) {09 : est mêlé} aux autres gens. Jeanne (hésita) {10 : a hésité} une seconde. Puis, elle (fendit) {11 : a fendu} la foule, s'/se (dirigea) {12 : est dirigée.} vers le roi, (mit) {13 : a mis} un genou à terre en disant : " Sire, c'est Dieu qui m'envoie vous faire couronner." Le roi la/l' (crut) {14 : a crue} difficilement, mais comment résister à une envoyée du Tout-Puissant ?
Ils (rassemblèrent) {15 : ont rassemblé} leur armée et ils (partirent) {16 : sont partis} pour Reims. Ils (durent) {17 : ont dû} se battre contre les troupes anglaises mais ils (arrivèrent) {18 : sont arrivés} jusqu'à la Cathédrale de Reims où (eut) {19 : a eu} lieu le sacre. Et c'est avec un roi sacré qu'elle (retourna) {20 : est retournée} à Bourges.
01 : "entendre qc". Se conjugue avec l'auxiliaire "avoir" ➔ elle a entendu.
02 : "faire qc". Se conjugue avec l'auxiliaire "avoir" ➔ elle a fait.
03 : "abandonner qc/qc". Se conjugue avec l'auxiliaire "avoir" ➔ elle a abandonné.
04 : "confier qc à qn". Se conjugue avec l'auxiliaire "avoir" ➔ elle a abandonné.
05 : "prendre qc". Se conjugue avec l'auxiliaire "avoir"➔ elle a pris.
06 : "partir". Se conjugue avec l'auxiliaire "être" ➔ elle est partie (attention à l'accord du participe, qui se rapporte au sujet "elle").
07 : "se rendre". Se conjugue avec l'auxiliaire "être" ➔ elle s'est rendue. L'accord se fait avec le sujet.
08 : "mettre qc". Se conjugue avec l'auxiliaire "avoir" ➔ elle a mis.
09 : "se mêler à qc/qn". Se conjugue avec l'auxiliaire "être" ➔ il s'est mêlé.
10 : "hésiter". Se conjugue avec l'auxiliaire "avoir" ➔ elle a hésité.

Enseigner l'emploi des temps simples du passé

> 11 : "fendre qc". Se conjugue avec l'auxiliaire "avoir" → elle a fendu
> 12 : "se diriger vers qn/qc". Se conjugue avec l'auxiliaire "être" → elle s'est dirigée. L'accord se fait avec le sujet.
> 13 : mettre qc". Se conjugue avec l'auxiliaire "avoir" → elle a mis.
> 14 : "croire qn". Se conjugue avec l'auxiliaire "avoir" → il l'a crue (attention à l'accord avec le CV(-) "l' = elle", placé avant.
> 15 : "rassembler qc". Se conjugue avec l'auxiliaire "avoir" → ils ont rassemblé.
> 16 : "partir". Se conjugue avec l'auxiliaire "être" → ils sont partis. L'accord se fait avec le sujet.
> 17 : "devoir vbe". Se conjugue avec l'auxiliaire "avoir" → ils ont dû.
> 18 : "arriver". Se conjugue avec l'auxiliaire "être" → ils sont arrivés. L'accord se fait avec le sujet.
> 19 : "avoir qc". Se conjugue avec l'auxiliaire "avoir" → elle a eu.
> 20 : "retourner". Se conjugue avec l'auxiliaire "être" → elle est retournée. L'accord se fait avec le sujet.

Prérequis 2 : La conjugaison du passé simple

> Mettez le verbe entre parenthèses au passé simple. Ne reprenez pas les pronoms personnels ni les négations.

> Jeanne (naître) {01 : naquit} à Domrémy, en Lorraine. Elle gardait les moutons de son père lorsqu'elle (entendre) {02 : entendit} des voix lui demandant de quitter ses moutons, de faire couronner le roi et de bouter les Anglais hors de France.
>
> Elle (quitter) {03 : quitta} donc ses moutons, se (rendre) {04 : rendit} à Blois, où se trouvait le roi. Celui-ci se (déguiser) {05 : déguisa} pour ne pas être trouvé, mais Jeanne le (reconnaître) {06 : reconnut} aussitôt, (prendre) {07 : prit} par le bras et le (faire) {08 : fit} couronner à Reims.
>
> Elle (vouloir) {09 : voulut} alors bouter les Anglais hors de France. Mais c'était plus facile à dire qu'à faire. Elle (remporter) {10 : remporta} encore quelques victoires sur ses ennemis, (délivrer) {11 : délivra} Orléans mais elle (être) { 12 : fut} faite prisonnière par leurs alliés, les Bourguignons. Ceux-ci l'(enfermer) {13 : enfermèrent} dans une cellule et (décider) {14 : décidèrent} de la juger. Ils lui (reprocher) {15 : reprochèrent} d'être habillée comme un homme, mais surtout, ils (essayer) {16 : essayèrent} de lui faire avouer qu'elle était une sorcière. Ils lui (demander) {17 : demandèrent} de reconnaître que les voix qu'elle avait entendues venaient du diable. Jeanne se (défendre) {18 : défendit}, mais tout le monde, y compris le roi de France, l'(abandonner) {19 : abandonna} à son triste sort.
>
> Finalement, elle ne (pouvoir) {20 : put} être sauvée et (brûler) { 21 : fut brûlée} vive sur la Place du Marché de Rouen.

> 01 : naître → elle naquit
> 02 : entendre → elle entendit
> 03 : quitter → elle quitta
> 04 : (se) rendre → (se) rendit
> 05 : (se) déguiser → (se) déguisa
> 06 : reconnaître → Jeanne reconnut
> 07 : prendre → Jeanne prit
> 08 : faire → elle fit
> 09 : vouloir → elle voulut
> 10 : remporter → elle remporta
> 11 : délivrer → elle délivra
> 12 : faire → elle fut
> 13 : enfermer → ceux-ci enfermèrent
> 14 : décider → ils décidèrent
> 15 : reprocher → ils reprochèrent

16 : essayer → ils essayèrent
17 : demander → ils demandèrent
18 : se défendre → elle se défendit
19 : abandonner → tout le monde l'abandonna
20 : pouvoir → elle put
21 : Attention au passif: être brulé(e) → elle fut brûlée. L'actif voudrait simplement dire qu'elle était combustible, comme du bois ou du papier.

Prérequis 3 : Conjugaison des trois temps qui nous occupent : imparfait, passé simple et passé composé.

Mettez le verbe entre parenthèses au temps demandé entre parenthèses (imparfait, passé simple ou passé composé).

Bernard Palissy

Bernard Palissy {01 : est né} (passé composé : naître) à Agen vers 1500. Il {02 : était} (imparfait : être) peintre sur verre, et {03 : exerçait} (imparfait : exercer) en plus les professions de dessinateur, géomètre et arpenteur. Il {04 : avait}(imparfait : avoir) malheureusement très peu de clients et beaucoup de temps pour réfléchir.

Un jour, il {05 : découvrit} (passé simple : découvrir) une coupe émaillée, sans doute une Fayence venue d'Italie. Il la {06 : trouva} (passé simple : trouver) très belle et voulut en trouver le secret de fabrication. Il {07 fit} (passé simple : faire) de très nombreuses expériences, en allant chez de nombreux potiers pour cuire ses œuvres dans leur four.

Hélas, ses tentatives {08 : échouèrent} (passé simple : échouer) toutes les unes après les autres pendant près de 20 ans. Pourtant, il {09 : avait} (imparfait : avoir) de plus en plus l'impression d'être très près du but. Un potier avec lequel il {10 : travaillait} (imparfait : travailler) le {11 : quitta} (passé simple : quitter) brusquement en lui demandant le paiement de son salaire. Il {12 : dut} (passé simple : devoir) le payer. Comme il n' {13 : avait} (imparfait : avoir) plus d'argent, il {14 : vendit} (passé simple : vendre) tous ses vêtements .

Il {15 : se fabriqua} (passé simple : se fabriquer) un four et {16 : continua}(passé simple : continuer) ses expériences. Un jour, il n' {17 : eut} (passé simple : avoir) plus de bois. Sous les yeux de sa femme, terrifiée, et malgré les pleurs de ses enfants, il {18 : mit} (passé simple : mettre) dans le feu tous les meubles de la maison.

Heureusement, cette dernière expérience lui {19 : apporta} (passé simple : apporter) le succès et la fortune.

On se demande ce qui se serait passé s'il {20 : avait} (imparfait : avoir) encore échoué.

01 : naître → « il est né »
02 : être → « il était »
03 : exercer → « il exerçait ». Attention au "ç" pour garder la prononciation [s] de l'infinitif!
04 : avoir → "il avait"
05 : découvrir → "il découvrit"
06 : trouver → "il la trouva"
07 : faire → "il fit"
08 : échouer → "elles échouèrent"
09 : avoir → " "il avait"
10 : travailler → " "il travaillait"
11 : quitter → "il quitta"
12 : devoir → "il dut"
13 : avoir → "il avait"
14 : vendre → "il vendit"
15 : se fabriquer → "il se fabriqua"

> 16 : continuer ➔ " "il continua"
> 17 : avoir ➔ "il n'eut"
> 18 : mettre ➔ "il mit"
> 19 : apporter ➔ "elle apporta"
> 20 : avoir ➔ "il avait". Attention : Ici, le verbe "échouer" est au plus-que-parfait, son auxiliaire "avoir" étant à l'imparfait.

Enfin, voici venir le dernier prérequis :
Il n'est pas toujours si simple de reconnaître un temps simple, surtout à la voix passive, où les temps simples se conjuguent tous avec l'auxiliaire être.

Elle est employée par une banque.

Il s'agit là du présent, l'auxiliaire « *être* » étant conjugué au présent.
Pour avoir affaire à un temps composé, il faut que l'auxiliaire « être » soit lui-même conjugué avec un auxiliaire :

Il a été renversé par une voiture.

L'auxiliaire « *être* » étant conjugué au passé composé, le verbe « *renverser* » est donc au passé composé de l'indicatif passif.
C'est ce que nous allons voir avec nos apprenants dans le cadre de nos recherches grammaticales.
Les apprenants se répartissent en groupes.

 Recherches grammaticales 1. Temps simples / temps composés

Nous allons amener les apprenants à reconnaître les temps simples des temps composés en leur apprenant à réfléchir.

> **Prérequis 4 : reconnaître les temps simples et les temps composés**
> **Vous vous dites : c'est facile.**
> **Le passé simple, par exemple, se conjugue sans auxiliaire : elle mangea des frites.**
> **Alors que le passé composé se conjugue avec un auxiliaire : elle a mangé des frites.**
> **D'accord. Alors, étudiez bien les quatre verbes en caractère gras. Demandez-vous si le temps est simple ou composé, trouvez son nom (temps, mode, voix).**
>
> Paulette **se promena** {01} le 30 juin dans le jardin, puis, elle **fut filmée** {02} devant la bibliothèque par des caméras de surveillance. Enfin, après qu'elle **se fut dépêchée** {03} et **eut tourné** {04} au coin de la rue, elle **disparut** {05} pour toujours.
>
> **Remplissez maintenant le tableau suivant :**
>
> | n° | Forme étudiée | simple / composé | nom du temps / mode / voix |
> |----|---------------|------------------|----------------------------|
> | 01 | P. se promena | simple | passé simple/indicatif/ actif |
> | 02 | elle fut filmée | simple | passé simple/indicatif/ passif |
> | 03 | elle se fut dépêchée | composé | passé antérieur/indicatif/actif |
> | 04 | elle eut tourné | composé | passé antérieur/indicatif/actif |
> | 05 | elle disparut | simple | passé simple/indicatif/ actif |

Comparez vos résultats à celui des autres groupes. Revenez ensuite en groupe à vos recherches.

> **En fait, lorsqu'il n'y a pas d'auxiliaire, le temps est simple.**
> **Mais lorsqu'il y a un auxiliaire, deux cas sont possibles :**
> ➔ **Le verbe est à la voix active. Son auxiliaire est celui avec lequel on le conjugue habituellement :**
> **Se promener : être / filmer qn : avoir / se dépêcher : être / tourner : avoir / disparaître : avoir**
> **Dans ce cas, le verbe est à un temps composé.**
> **Pour chacun des verbes, dites quel est l'auxiliaire habituel,**
> ➔ **Mais si le verbe est à la voix passive, son auxiliaire, qui est habituellement avoir, est dans ce cas : être. Si vous n'avez qu'un seul auxiliaire : elle fut appelée, le temps est simple (fut= passé simple), et au passif.**

Pour avoir un temps composé, il vous faut 2 auxiliaires, l'auxiliaire être au participe passé, précédé de l'auxiliaire avoir, conjugué. Elle a été appelée (a été = passé composé).
Remplissez maintenant le tableau suivant :

n°	Forme étudiée	auxiliaire habituel	auxiliaire employé	actif / passif	nom du temps / mode / voix
01	P. se promena	être	être	actif	passé simple/indicatif/ actif
02	elle fut filmée	avoir	être	passif	passé simple/indicatif/ passif
03	elle se fut dépêchée	être	être	actif	passé antérieur/indicatif/actif
04	elle eut tourné	avoir	avoir	actif	passé antérieur/indicatif/actif
05	elle disparut	avoir	avoir	actif	passé simple/indicatif/ actif

Attention au cas n°2 : filmer qn se conjugue avec avoir. Ici, on a être parce que la forme est au passif.

Comparez vos résultats à ceux que vous aviez trouvés la première fois et tirez-en les conclusions.
Comparez-les ensuite aux résultats des autres.

Prérequis 4 : reconnaître les temps simples et les temps composés

Indiquez si le verbe proposé est à un temps simple ou composé

La Tour-Eiffel est connue {01 : simple} comme le symbole de Paris. Elle a été construite {02 : composé} à la fin du XIXe siècle par Gustave Eiffel, un ingénieur qui a fait {03 : composé} ses études à l'Ecole Centrale. Cette grande école a toujours formé {04 : composé} des spécialistes de la construction. Très tôt, Eiffel s'est intéressé {05 : composé} aux constructions métalliques. Il est {06 : simple} le maître d'œuvre de nombreux ponts, mais c'est {07 : simple} aussi lui qui a fait {08 : composé} l'armature métallique qui soutient {09 : simple} la statue de la liberté, à New-York.

En finançant {10 : simple} lui-même la construction de la Tour, il a pu {11 : composé} garder le contrôle de sa gestion. Dès le début, les Parisiens se sont divisés {12 : composé} en deux camps : ceux qui trouvaient {13 : simple} le bâtiment affreux, et ceux qui ont été enthousiasmés {14 : composé} par la hauteur considérable et la silhouette moderne. Un auteur de mauvaise foi disant partout détester {15 : simple} le bâtiment expliquait {16 : simple} pourquoi il mangeait {17 : simple} tous les jours au restaurant de la tour en prétendant {18 : simple} que c'était {19 : simple} le seul endroit de Paris d'où l'on ne voyait {20 : simple} pas le monument.

Commentaires :
01 : Le verbe "connaître" est au présent passif. Il est donc conjugué avec l'auxiliaire "être" au lieu de l'auxiliaire "avoir" à la voix active.
02 : Le verbe "construire" est au passé composé passif, conjugué avec l'auxiliaire "être" au passé composé. Le verbe est donc au passé composé.
03 : Le verbe "faire" est au passé composé, conjugué avec l'auxiliaire "avoir" au présent. Le verbe est donc au passé composé.
04 : Le verbe "former" est au passé composé, conjugué avec l'auxiliaire "avoir" au présent. Le verbe est donc au passé composé.
05 : Le verbe "s'intéresser" est au passé composé, conjugué avec l'auxiliaire "être" au présent. Le verbe est donc au passé composé.
06 : Le verbe "être" est au présent. Conjugué sans auxiliaire, il est à un temps simple.
07 : Le verbe "être" est au présent. Conjugué sans auxiliaire, il est à un temps simple.
08 : Le verbe "faire" est au passé composé, conjugué avec l'auxiliaire "avoir" au présent. Le verbe est donc au passé composé.
09 : Le verbe "soutenir" est au présent. Conjugué sans auxiliaire, il est à un temps simple.
10 : Le verbe "être" est au gérondif (en + participe présent). Conjugué sans auxiliaire, il est à un temps simple.
11 : Le verbe "pouvoir" est au passé composé, conjugué avec l'auxiliaire "avoir" au présent. Le verbe est donc au passé composé.

> 12 : Le verbe "se diviser" est au passé composé, conjugué avec l'auxiliaire "être" au présent. Le verbe est donc au passé composé.
> 13 : Le verbe "trouver" est à l'indicatif imparfait. Conjugué sans auxiliaire, il est à un temps simple.
> 14 : Le verbe "enthousiasmer" est au passé composé passif, conjugué avec l'auxiliaire "être" au passé composé. Le verbe est donc au passé composé.
> 15 : Le verbe "détester" est à l'infinitif présent. Conjugué sans auxiliaire, il est à un temps simple.
> 16 : Le verbe "expliquer" est à l'indicatif imparfait. Conjugué sans auxiliaire, il est à un temps simple.
> 17 : Le verbe "manger" est à l'indicatif imparfait. Conjugué sans auxiliaire, il est à un temps simple.
> 18 : Le verbe "être" est au gérondif ("en" + participe présent). Conjugué sans auxiliaire, il est à un temps simple.}
> 19 : Le verbe "être" est à l'indicatif imparfait. Conjugué sans auxiliaire, il est à un temps simple.
> 20 : Le verbe "voir" est à l'indicatif imparfait. Conjugué sans auxiliaire, il est à un temps simple.

3.1.1 La règle de base

Nous allons raisonner avec nos apprenants pour qu'ils apprennent à acquérir le bon angle de vision. Pour cela, nous partirons d'une règle restreinte, que nous élargirons à mesure que nous progresserons dans notre réflexion.

Lorsque nous aurons énoncé la règle générale, nous apprendrons à interpréter les situations les plus courantes en fonction de la règle générale.

Nous terminerons en rappelant les valeurs stylistiques et grammaticales du passé simple et surtout de l'imparfait, dont vous trouverez les détails dans l'unité 18.

→ *La règle restreinte*

Nous allons partir d'un couple d'actions. **Nous appellerons A l'action qui commence la première, et B celle qui commence la deuxième**. Nous conserverons cette méthode tout au long de nos explications.

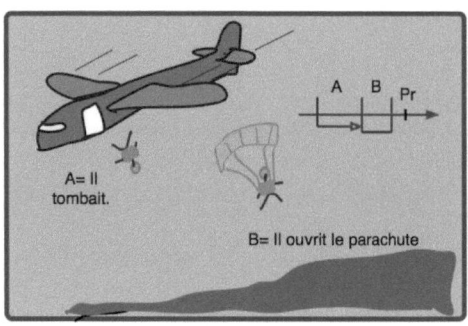

Par exemple, nous allons demander à un parachutiste de sauter de l'avion, de tomber, et, bien sûr, d'ouvrir son parachute quand il le jugera utile.

D'abord il saute de l'avion en sortant par la porte ouverte.
Ensuite, il tombe comme une pierre. Au bout d'un moment, il décide d'ouvrir son parachute.
Nous aurons ainsi :
A = *il tombait*. B = *Il ouvrit son parachute*

3.1.1.1 Action A, action B
Nous avons plusieurs cas de figures :

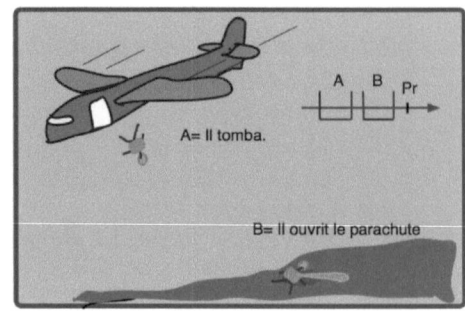

> → L'action A est finie quand B commence.

L'action A étant finie avant le début de l'action B, on la mettra au passé simple.

Dans ce cas, le parachutiste tombe, finit de tomber. C'est alors qu'il ouvre le parachute. C'est facile à dire, mais qu'est-ce que cela signifie en réalité ?
S'il finit de tomber, c'est qu'il est arrivé en bas, sur le sol. Et dans un dernier réflexe, juste avant de mourir, il actionne son parachute.

C'est donc une histoire sanglante, **se terminant par la mort du parachutiste**, qui n'arrive pas à ouvrir son parachute avant la fin de sa chute.

> → **L'action A est encore en cours lorsque B commence.**

L'action A n'étant pas encore finie au moment où l'action B commence, on la mettra à l'imparfait.

Cela signifie qu'il tombe, et qu'il est en train de tomber lorsqu'il ouvre son parachute. C'est le cas normal, puisque c'est au cours de leur chute que les parachutistes ouvrent le parachute. S'ils l'ouvrent trop tôt, le parachute risque de s'accrocher à l'avion, et s'ils l'ouvrent trop tard, ils s'écrasent sur le sol, ce qui est le cas pour l'histoire n° 1.

Retenons donc la règle restreinte :

Lorsque l'action A est terminée au moment ou B commence, on la met au passé simple. Mais lorsque l'action A n'est pas terminée au moment ou B commence, on la met à l'imparfait.

Bien entendu, si vous préférez renoncer au passé simple, vous le remplacerez par le passé composé. Nous allons symboliser notre règle restreinte sur un graphique.

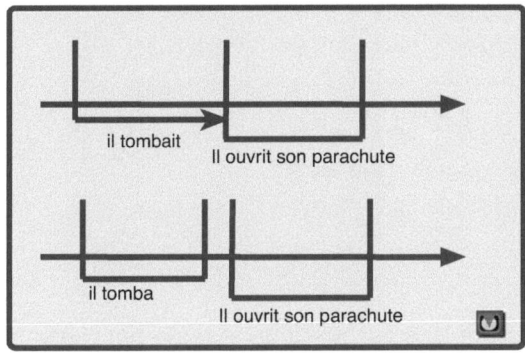

La flèche de l'action « il tombait » → symbolise le fait que l'action dure encore au moment où l'action « il ouvrit son parachute » commence.

3.1.1.2 Ordre chronologique, ordre du texte

Jusqu'à présent, l'ordre chronologique était identique à l'ordre du texte. Cependant, il n'en est pas toujours ainsi. L'emploi de conjonctions, par exemple, peut permettre de dire en premier une action qui a eu lieu après l'action du texte qui suit.
L'imparfait, justement, permet de s'affranchir de l'ordre chronologique. Par exemple :

Elle avait soif. Elle but tout un verre.

Elle commence par avoir soif, et elle a encore soif quand elle commence à boire. Rien de plus logique. Mais que dire de :

Elle but tout un verre : elle avait soif.

Ici, nous avons un passé simple, *elle but*, fini avant que l'action suivante ne commence, et un imparfait, « *elle avait soif* », qui n'est pas fini au moment où l'action suivante commence. Le problème, c'est qu'il n'y a pas d'action suivante.

Il faut donc que notre cerveau fasse un peu de gymnastique pour **trouver une raison à cet imparfait**. En effet, **s'il n'y a pas d'action suivante derrière, il faut la chercher avant**. Ainsi, **le passé simple, placé dans le texte en premier, est en réalité l'action B. Et c'est l'action à l'imparfait, pourtant placée après qui est l'action A.**

Ainsi tout s'explique. *Elle but tout un verre.* Vient ensuite, à l'imparfait, **la raison de cette action** : *elle avait soif*, et cette soif, qui avait commencé avant le début de B (= elle but tout un verre) n'était pas encore finie, éteinte seulement au début de B, alors que B avait déjà commencé.

Retenons donc la règle suivante sur la chronologie des actions :
Lorsque l'on a deux actions, l'une à l'imparfait, l'autre au passé simple, c'est toujours celle qui est mise à l'imparfait qui a commencé la première, même si, dans le texte, elle se trouve placée après. Mais lorsque les deux actions sont au même temps, l'ordre chronologique est identique à celui du texte.

 L'ordre chronologique peut être différent de celui du texte seulement lorsque les temps sont différents. Ainsi, nous aurons :

- *Il eut faim. Il mangea* : d'abord il a faim, puis il arrête, et ensuite, il mange.
- *Il mangea. Il eut faim* : D'abord, il mange, puis il finit, et ensuite, il a faim

On peut bien sûr se demander pourquoi quelqu'un qui n'a plus faim mange, ou pourquoi quelqu'un qui a mangé a faim.

 Exercice n° 1 : Ordre des actions A et B

Trouvez quel est l'ordre des actions A/B ou B/A
Rappelons que A est l'action qui commence la première, et B, celle qui commence la seconde.
Le train s'arrêta. Les passagers descendirent. {01 : A/B}
Le train entrait en gare. Les passagers se préparèrent pour descendre. {02 : A/B}
Les passagers descendirent. Ils se dirigèrent vers la sortie. {03 : A/B
Paul se coucha tard. Il se leva à midi. {04 : A/B}
Paul se leva à midi. Il se coucha tard. {05 : A/B}
Le chien poursuivait le facteur. Le voisin essaya de le retenir. {06 : A/B}
Le voisin essaya de retenir le chien. Il poursuivait le facteur. {07 : B/A}
Paul prit un parapluie parce qu'il pleuvait. {08 : B/A}
Comme il pleuvait, Paul prit un parapluie. {09 : A/B.}
Commentaires :
01 : Lorsque les deux actions sont au même temps, la première action dans le texte est l'action A (celle qui commence la première), et la deuxième l'action B.
02 : Lorsque les deux actions sont au même temps, la première action dans le texte est l'action A (celle qui commence la première), et la deuxième l'action B.
03 : Lorsque les deux actions sont au même temps, la première action dans le texte est l'action A (celle qui commence la première), et la deuxième l'action B.}
04 : Lorsque les deux actions sont au même temps, la première action dans le texte est l'action A (celle qui commence la première), et la deuxième l'action B.
05 : Lorsque les deux actions sont au même temps, la première action dans le texte est l'action A (celle qui commence la première), et la deuxième l'action B.
06 : Lorsque l'une des actions est à l'imparfait, et l'autre au passé simple, l'action A est celle qui est à l'imparfait (poursuivait), l'action au passé simple (essaya) est l'action B.
07 : Lorsque l'une des actions est à l'imparfait, et l'autre au passé simple, l'action A est celle qui est à l'imparfait (poursuivait), l'action au passé simple (essaya) est l'action B.
08 : Lorsque l'une des actions est à l'imparfait (pleuvait), et l'autre au passé simple, l'action A est celle qui est à l'imparfait (poursuivait), l'action au passé simple (prit) est l'action B.
09 : Lorsque l'une des actions est à l'imparfait (pleuvait), et l'autre au passé simple, l'action A est celle qui est à l'imparfait (poursuivait), l'action au passé simple (prit) est l'action B

3.1.1.3 Réflexion sur l'exemple

Maintenant que nous avons défini l'action A et l'action B, fixé notre règle de base restreinte et précisé les différences entre l'ordre chronologique et celui du texte, il faut encore que nous fassions quelques expériences sur notre exemple en l'éclairant sous tous les angles pour voir ce qu'il peut nous donner. Nous allons donc tenter quatre présentations pour voir ce que l'on peut en déduire.

 Recherches grammaticales 2.

En groupes, vous allez tenter de décrire ce qu'il se passe dans chacun de ces 4 cas conformément aux règles énoncées. Essayez de représenter ces exemples sur un graphique.
Cas n° 1 : Le parachutiste tomba (1). Il ouvrit le parachute (2).
Le parachutiste tombe et arrête de tomber : il est arrivé au sol (dans quel état ?).   C'est alors qu'il ouvre son parachute dans un dernier réflexe, malheureusement trop tard, juste avant de mourir. 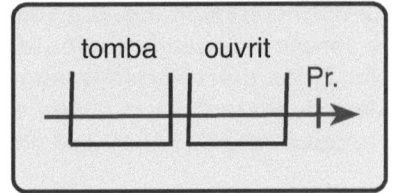
Cas n° 2 : Le parachutiste tombait (1). Il ouvrit le parachute (2).
Le parachutiste tombe. Quand il estime être suffisamment descendu, il ouvre son parachute.   C'est comme cela qu'il faut faire. 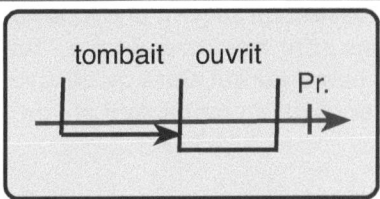
Cas n° 3 : Le parachutiste tombait (1). Il ouvrait le parachute (2).
Ce cas se présente au début comme le cas 1, le parachutiste tombant. Il est encore en train de tomber lorsqu'il ouvre le parachute. Mais c'est là que tout change : il est en train de l'ouvrir (imparfait) lorsque... Lorsque quoi ? Il ne se passe plus rien. Donc, cet imparfait qui est encore en train au moment où rien ne se passe, c'est un problème. 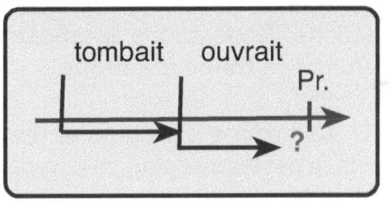
Cas n° 4 : Le parachutiste tomba (1). Il ouvrait le parachute (2).
Explication :   Nous avons un passé simple et un imparfait. D'après la règle sur la chronologie, nous savons que c'est l'imparfait qui commence le premier (action A).   Donc, le parachutiste ouvre son parachute. Il n'a pas fini de l'ouvrir au moment où il commence à tomber. C'est donc parce qu'il ouvre son parachute qu'il tombe. Donc, c'est le harnais qu'il ouvre, et il tombe, perdant son parachute. 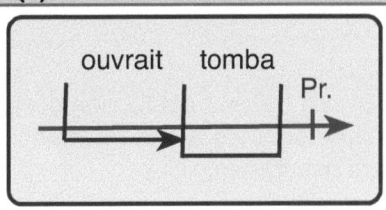

Nous allons passer à un exercice dans lequel on demande de trouver l'histoire qui correspond à la plus banale des réalités.

 Exercice n° 2 : Quelle version est la bonne ?

Trouvez quelle version est la bonne, c'est-à-dire celle qui correspond le mieux à la banale réalité.
"01. Paul est monté dans un ballon. Il est resté en l'air pendant 1 heure.   [x] Version 1 : A la fin, le ballon descendit, et il en sauta.

Enseigner l'emploi des temps simples du passé

[ ] Version 2 : A la fin, le ballon descendait, et il en sauta."

"02. Geneviève épousa Paul.
  [ ] Version 1: elle l'aima.
  [x] Version 2: elle l'aimait."

"03. Elle rentra dans un restaurant.
  [x] Version 1 : Elle avait faim.
  [ ] Version 2 : Elle eut faim."

Commentaires
01 : La bonne version est: {La version 1} L'action A "(le ballon descendit" est terminée quand l'Action B "il sauta" commence. Le ballon a donc atterri avant qu'il ne saute. Dans la version 2, le ballon est en train de descendre. Il se peut donc qu'il soit à plusieurs mètres du sol quand il saute. On préférera la version 1. 02 : La bonne version est: {La version 2} l'action A est celle à l'imparfait, et l'action B celle au passé simple. "Geneviève épouse donc quelqu'un qu'elle aimait déjà." C'est logique. Dans la version 2, les deux versions sont au même temps, le passé simple. Donc, l'action A est la première du texte: "elle épouse Paul". L'action B, "elle l'aime", commence après. Donc, quand elle l'épouse, elle ne l'aime pas encore. Alors, pourquoi l'épouse-t-elle? 03 : La bonne version est: {La version 1} Quand elle entre dans le restaurant (action B au passé simple), l'action A à l'imparfait a déjà commencé et n'est pas finie. "Quand elle entre dans le restaurant (B), elle a donc faim" (A non terminée). Dans la deuxième version, les deux actions sont au passé simple. "rentra" est l'action A, et "eut faim" l'action B. "Elle rentre donc dans le restaurant alors qu'elle n'a pas faim." La faim arrive dans le restaurant; alors, pourquoi rentrer dans un restaurant si l'on n'a pas faim.

3.1.2 La règle de base générale

Il est temps d'en arriver à la règle de base générale. Dans la restreinte, nous avons envisagé le cas de deux actions. Nous allons à présent envisager le cas d'actions qui arrivent en groupe, que nous appellerons des **trains d'actions**.

3.1.2.1 Les trains d'actions et les actions individuelles

Les trains, c'est bien connu, se composent d'une locomotive qui entraîne un certain nombre de wagons. Pour les actions, c'est un peu la même chose : certaines entraînent une série d'autres actions, et toutes vont ensemble. Et il suffit que la première action se déroule pour qu'elle déclenche la série des autres, et **toute la série d'actions se répétera à chaque déclenchement de la première**.

Par exemple, lorsque Jules mange des fraises, il a des boutons. Ces boutons le démangent, et il doit se gratter. Il se gratte alors jusqu'au sang.

Il mange des fraises. est l'action déclenchante, la locomotive donc, les boutons, le fait qu'il se gratte et qu'il saigne sont les actions déclenchées en série, les wagons. Elles se répéteront chaque fois qu'il mangera des fraises.

✻ **Le train A est fini quand B commence.**

Admettons que Jules meure. Le train s'arrête de lui-même, sans que rien de nouveau n'arrive.
Comme le train s'arrête, c'est-à-dire que la série cesse de se répéter, avant qu'une action nouvelle ne commence, on mettra toutes les actions du train au passé simple :

Toute sa vie, quand Jules mangea des fraises, il eut des boutons. Ceux-ci le démangèrent et il dut se gratter. Il se gratta alors jusqu'au sang.

✻ **Le train A dure encore quand B commence**

Admettons que Jules en ait assez. Il décide alors de ne plus manger de fraises. Cette action nouvelle, qui ne fait pas partie du train, arrive alors que ce train est encore en cours. Il est donc normal que toutes ces actions soient à l'imparfait, alors que la nouvelle action, qui se termine juste après son début, se trouvera au passé simple.

Quand Jules mangeait des fraises, il avait des boutons. Ceux-ci le démangeaient et il devait se gratter. Il se grattait alors jusqu'au sang. Un jour, il en eut assez et décida de ne plus manger de fraises.

Enseigner l'emploi des temps simples du passé

 Remarque : on considère qu'un train est encore en route lorsque l'action déclenchante entraîne encore la série d'action. Et on considérera que le train n'est plus en route si l'action déclenchante n'arrive plus à entraîner la série, ou encore si l'on évite d'effectuer cette action, ce qui empêchera également que la série soit déclenchée.
Il suffit donc que Jules se fasse désensibiliser, qu'il arrête de manger des fraises ou qu'il meure pour que le train s'arrête de lui-même.

Les apprenants vont devoir apprendre à bien identifier s'ils ont affaire à des actions individuelles ou à des trains d'actions. En effet, **il faut réfléchir sur chaque action lorsqu'elles sont individuelles, alors que l'on raisonne sur toute la série d'actions dans le cas des trains.**

 Recherches grammaticales 3 : actions individuelles et trains d'actions.

Il existe des actions individuelles et des trains d'actions. Relisez dans le livre eGrammaire, ou sur le site www.egrammaire.com, dans le chapitre correspondant, ce que l'on entend par là.

En groupes, essayez de compléter le texte suivant :
Une action individuelle est une action qui {ne se répète pas} (se répète/ne se répète pas). Elle peut être liée à d'autres par un mot de liaison. Un train d'actions est constitué d'une série d'actions qui {se répètent} (se répètent/ne se répètent pas) ensemble. L'une d'entre elles, appelée action {déclenchante}, déclenche la série des autres dès qu'elle se produit. Une action passée individuelle qui est terminée avant que la suivante ne commence se met {au passé simple} (à l'imparfait / au passé simple), alors que celle qui n'est pas terminée lorsque la suivante commence se met {à l'imparfait} (à l'imparfait / au passé simple). Pour ce qui est des trains d'actions, un train qui arrête de se répéter avant que l'action suivante ne faisant pas partie du train ne commence se met pour la totalité de ses actions {au passé simple} (à l'imparfait / au passé simple), alors que le train qui se répète encore lorsque l'action suivante ne faisant pas partie du train ne commence se met pour la totalité de ses actions {à l'imparfait} (à l'imparfait / au passé simple).

Comme il est important de bien distinguer les actions individuelles des trains d'actions, vous allez pouvoir faire en groupes l'exercice suivant.
Vous comparerez ensuite vos résultats à ceux des autres groupes et vous en ferez la synthèse.

Exercice n° 3: Action individuelles ou train d'actions

Trouvez si les textes contiennent des actions individuelles ou des trains d'actions.
[01] "Paul, qui était à court de pain, sortit de chez lui et se rendit dans une boulangerie." Nous avons ici {des actions individuelles} [02] "Quand elle sortit de chez elle, Gerda regarda la fenêtre de son voisin comme à son habitude." Nous avons ici {un train d'actions} [03] "Pendant tout son séjour à Stuttgart, il y eut un orage par jour, et Paul dut sortir son parapluie, ce qui lui évita de trop se mouiller." Nous avons ici {un train d'actions} [04] "Quand il ressentait une forte envie de fumer, il allumait une cigarette, qu'il fumait jusqu'au filtre." Son médecin, craignant un infarctus, lui défendit de fumer. "

Enseigner l'emploi des temps simples du passé

> Nous avons ici {un train d'actions}
>
> [05] "Mireille lui offrit une cigarette. Il la prit, l'alluma, et la fuma jusqu'au filtre."
> Nous avons ici {des actions individuelles}
>
> [06] "Toute sa vie, quand il ressentit une forte envie de fumer, il alluma une cigarette, qu'il fuma jusqu'au filtre."
> Nous avons ici {un train d'actions}

Commentaires :
01 : Les actions de Paul sont uniques. Elles on bien un rapport logique entre elles, le pain, mais elles ne se répètent pas.
02 : L'expression "comme à son habitude" montre bien que le fait de sortir déclenche chez elle le désir de regarder la fenêtre de son voisin. Peut-être, l'aime-t-elle, peut-être le redoute-t-elle. En tout cas, on a : sortir (action déclenchante) → regarder}.
03 : L'expression "par jour" montre bien qu'il y a un orage chaque jour, donc, une répétition. Nous avons donc un train. L'expression "pendant tout son séjour" montre que cela dure du début à la fin du séjour, sans interruption, ce qui explique l'emploi du passé simple. On a : il y a un orage (action déclenchante) → sortir le parapluie, éviter de se mouiller.
04 : La conjonction "quand" introduisant un verbe à l'imparfait montre qu'on peut avoir un train d'actions se répétant jusqu'à ce qu'un passé simple vienne le remettre en question. Les trois imparfaits "ressentait → allumait → fumait" se répètent, constituant donc un train, et leur répétition est remise en question par le passé simple "défendit".}.
05 : Rien ne montre qu'il y ait répétition. Ces actions sont donc individuelles.
06 : L'expression "toute sa vie" montre que cette suite d'actions a lieu du début à la fin. "quand" introduit donc un train d'actions : "ressentit → alluma → fuma" se répétant jusqu'au bout de sa vie, sans remise en question.}.

3.1.2.2 Règle des trains

La règle restreinte des trains ressemble beaucoup à celle des actions individuelles.

Lorsque un train d'actions A est terminé au moment ou une action B commence, on met toutes les actions qui le constituent au passé simple. Mais lorsque le train A est en cours au moment où l'action B commence, on met toutes les actions de ce train à l'imparfait.

3.1.3 Règle de base générale

Il ne reste plus qu'à unifier les deux règles pour avoir la règle générale.

Règle 1ᵉ partie : L'action (ou le train d'actions) n'est pas finie

Lorsqu'une action individuelle passée ou un train passé est en marche au moment où une nouvelle action commence, cette action ou ce train (chacune des actions qui le compose) se met à l'imparfait.

Ex : *Elle mangeait quand il arriva.*
Quand elle mettait des talons hauts, elle avait des crampes et ses pieds lui faisaient mal. Elle décida alors de mettre des souliers à talons plats.

Règle 2ᵉ partie : L'action (ou le train d'actions) est finie

Lorsqu'une action individuelle passée ou un train passé est arrêté au moment où une nouvelle action commence, cette action ou ce train (chacune des actions qui le compose) se met au passé simple

Ex : *Elle mangea, puis sortit.*
Pendant toute sa jeunesse, quand sa mère lui demanda de l'aider, elle fit semblant d'être malade.

Règle 3ᵉ partie : La dernière action / le dernier train

Enseigner l'emploi des temps simples du passé

> **La dernière action passée (idem pour le dernier train passé) se met au passé simple.**

Ex :   *Ils vécurent heureux et eurent beaucoup d'enfants.*
       Il n'attaqua jamais plus de cochons et n'en mangea donc plus jamais lorsqu'il en rencontra.

Cela est logique puisque la dernière action selon l'ordre chronologique ne peut pas être interrompue, et donc, ne peut pas se retrouver à l'imparfait.

Comme la dernière action joue un rôle dans le choix des temps, et que l'on sait maintenant reconnaître les actions A et B, nous allons faire un exercice pour bien apprendre à identifier l'action qui termine l'histoire, et qui, si elle est passée se mettra au passé simple.

 Exercice n° 4 : Quelle action est la dernière ?

Trouvez quelle action est chronologiquement la dernière. Aidez-vous des temps, mais aussi des adverbes, prépositions ou conjonctions de temps.
[01] D'abord, il voulut être pompier. Ensuite, il envisagea d'être ingénieur. Finalement, il devint boulanger. ➔ La dernière action est: {devint}.
[02] Jules n'entra pas au casino parce qu'il n'avait plus d'argent. ➔ La dernière action est: {entra}.}.
[03] Pierre ne s'acheta plus de cigarettes car on lui avait trouvé un cancer du poumon. ➔ La dernière action est: {acheta}.}.
[04] Elle entra dans une boulangerie et s'acheta 4 éclairs, car elle aimait beaucoup ces gâteaux. ➔ La dernière action est: {s'acheta}.
[05] Elle regarda par la fenêtre et vit sa voisine qui se dorait au soleil. ➔ La dernière action est: {vit}
[06] Juliette, qui faisait du judo, n'avait pas peur des garçons. Ainsi, lorsque cette grosse brute qui l'avait bousculée se jeta sur elle, elle l'expédia au tapis en deux secondes. Il l'avait bien cherché. ➔ La dernière action est: {expédia}.
Commentaires 01 : Aidez-vous des mots de temps: "d'abord, ensuite, finalement"}. 02 : Quand on a un imparfait et un passé simple, l'imparfait est toujours l'action qui commence la première, et qui est encore en train quand commence le passé simple. L'imparfait "il n'avait plus d'argent" a commencé avant "il n'entra pas au casino" Elle en est d'ailleurs la cause. La dernière action est donc: "n'entra pas" 03 : Aidez-vous des temps: Quand on a un plus-que-parfait et un temps simple du passé, le plus-que-parfait exprime une action antérieure (action qui commence et se termine avant une autre action) à l'action au temps simple. Ici, "on lui avait trouvé" est antérieure au fait qu'il "n'acheta" pas de cigarettes La dernière action est donc: "n'acheta pas". 04 : Aidez-vous des temps: L'imparfait est l'action qui commence la première :"elle aimait". La seconde est "entra", au passé simple, suivie de "s'acheta", également au passé simple. Pour les 2 passés simples, l'ordre chronologique est celui du texte.}. 05 : Aidez-vous des temps: L'imparfait est l'action qui commence la première :"elle se dorait". La seconde est "regarda", au passé simple, suivie de "vit", également au passé simple. Pour les 2 passés simples, l'ordre chronologique est celui du texte.}. 06 : Aidez-vous des temps: Les verbes au plus-que-parfait sont antérieur à des faits passés: "il l'avait bousculée" est antérieur à "se jeta", et "il l'avait bien cherché" à "elle l'expédia". L'imparfait "Juliette faisait du judo" avait commencé avant, et était toujours en train quand commence cette histoire. Il ne reste plus que les deux passés simples: "il se jeta" et " elle

> l'expédia". Pour les 2 passés simples, l'ordre chronologique est celui du texte. La dernière action est donc: "elle l'expédia "

Comme il est important de bien distinguer les actions individuelles des trains d'actions, vous allez pouvoir faire en groupes l'exercice suivant.
Vous comparerez ensuite vos résultats à ceux des autres groupes et vous en ferez la synthèse.

 Exercice n° 5 : Action individuelles ou train d'actions

> **Trouvez si les textes proposés contiennent des actions individuelles ou des trains d'actions.**
>
> [01] "Paul, qui était à court de pain, sortit de chez lui et se rendit dans une boulangerie."
> Nous avons ici {des actions individuelles}
>
> [02] "Quand elle sortit de chez elle, Gerda regarda la fenêtre de son voisin comme à son habitude."
> Nous avons ici {un train d'actions}
>
> [03] "Pendant tout son séjour à Stuttgart, il y eut un orage par jour, et Paul dut sortir son parapluie, ce qui lui évita de trop se mouiller."
> Nous avons ici {un train d'actions}
>
> [04] "Quand il ressentait une forte envie de fumer, il allumait une cigarette, qu'il fumait jusqu'au filtre." Son médecin, craignant un infarctus, lui défendit de fumer. "
> Nous avons ici {un train d'actions}
>
> [05] "Mireille lui offrit une cigarette. Il la prit, l'alluma, et la fuma jusqu'au filtre."
> Nous avons ici {des actions individuelles}
>
> [06] "Toute sa vie, quand il ressentit une forte envie de fumer, il alluma une cigarette, qu'il fuma jusqu'au filtre."
> Nous avons ici {un train d'actions}

> Commentaires :
> 01 : Les actions de Paul sont uniques. Elles on bien un rapport logique entre elles, le pain, mais elles ne se répètent pas.
> 02 : L'expression "comme à son habitude" montre bien que le fait de sortir déclenche chez elle le désir de regarder la fenêtre de son voisin. Peut-être, l'aime-t-elle, peut-être le redoute-t-elle. En tout cas, on a : sortir (action déclenchante) → regarder}.
> 03 : L'expression "par jour" montre bien qu'il y a un orage chaque jour, donc, une répétition. Nous avons donc un train. L'expression "pendant tout son séjour" montre que cela dure du début à la fin du séjour, sans interruption, ce qui explique l'emploi du passé simple. On a : il y a un orage (action déclenchante) → sortir le parapluie, éviter de se mouiller.
> 04 : La conjonction "quand" introduisant un verbe à l'imparfait montre qu'on peut avoir un train d'actions se répétant jusqu'à ce qu'un passé simple vienne le remettre en question. Les trois imparfaits "ressentait → allumait → fumait" se répètent, constituant donc un train, et leur répétition est remise en question par le passé simple "défendit".}.
> 05 : Rien ne montre qu'il y ait répétition. Ces actions sont donc individuelles.
> 06 : L'expression "toute sa vie" montre que cette suite d'actions a lieu du début à la fin. "quand" introduit donc un train d'actions : "ressentit → alluma → fuma" se répétant jusqu'au bout de sa vie, sans remise en question.}.

 Exercice n° 6 : trains d'actions

> **Mettez les verbes entre parenthèses au temps voulus par le contexte.**

> **Voyez si une action nouvelle arrive alors que le train est en marche (train à l'imparfait) ou si ce train va jusqu'au bout (train au passé simple).**
>
> Tous les matins, Paul {01 : enfilait} (enfiler) ses chaussettes, puis, il {02 : mettait} (mettre) ses souliers. Le jour de l'examen, il mit les souliers, puis, voulut mettre les chaussettes.
>
> Paul {03 : dormait} (dormir) jusqu'à midi et {04 : passait} (passer) ses soirées dans des discothèques. Un jour, se rendant compte de la vanité de sa façon de vivre, il arrêta de sortir le soir et put se lever tôt le matin.
>
> Les parents {05 : voulurent} (vouloir) toujours que leurs enfants aient une meilleure vie qu'eux et {06 : firent} (faire) tout leur possible pour leur assurer une formation.
>
> Toutes les fois que M.Duchemin {07 : fut invité} (inviter) chez sa belle-mère, celle ci ne {08 : manqua} (manquer) jamais de lui démontrer son antipathie en lui parlant à peine.
>
> Lorsque Mme Gousdail {09 : allait} (aller) à Bruxelles, elle ne {10 : manquait} (manquer) pas d'aller voir le Manneken-Pis. Pourtant, en 1987, elle ne put pas le voir: il avait été volé par des bandits.

Commentaires

01 : Le train est en marche lorsqu'arrive "Le jour de l'examen", où le stress lui fait faire les choses à l'envers.
02 : Le train est en marche lorsqu'arrive "Le jour de l'examen", où le stress lui fait faire les choses à l'envers.
03 : Le train "dormait/passait" est en marche lorsqu'arrive la prise de conscience → imparfait.
04 : Le train "dormait/passait" est en marche lorsqu'arrive la prise de conscience → imparfait.
05 : Le train souligné par "toujours" va jusqu'au bout: → passé simple.
06 : Le train souligné par "toujours" va jusqu'au bout: → passé simple.
07 : Le train souligné par "toutes les fois que" va jusqu'au bout: → passé simple. Attention: fut invité est un passé simple passif. C'est pour cela que l'on emploie l'auxiliaire "être"
08 : Le mot jamais montre qu'il s'agit d'un train qui ne s'arrête qu'avec la fin de l'histoire → passé simple.
09 : Le train est en marche lorsqu'arrive "la visite en 1987", où les actions du train sont remises en cause → imparfait.
10 : Le train est en marche lorsqu'arrive "la visite en 1987", où les actions du train sont remises en cause → imparfait.

Recherches grammaticales 4 : Revoyons rapidement les principes de cette règle en ce qui concerne les actions individuelles.
En groupes, analysez les exemples suivants et énoncez la règle qui amène à cette solution :
1. *Le premier jour des vacances, il pleuvait quand elle sortit.*
2. *Le lendemain, il plut pendant une heure. Ensuite, elle sortit.*
3. *Elle se mouilla en traversant le parc : de l'eau tombait des branches des arbres.*
4. *Son mari aussi se mouilla au même endroit. Il dut changer de chemise.*

- Retrouvez d'abord quelle est l'action A, puis, quelle est l'action B.
- Dites ensuite si A est terminée quand B commence ou non.
- Précisez ensuite la règle.

n° de la phrase	verbe 1	action A / B	verbe 2	action A / B	A fini / non fini au début de B
Cas n° 1	pleuvait	A	sortit	B	A non fini au début de B
Cas n° 2	plut	A	sortit	B	A fini au début de B
Cas n° 3	se mouilla	B	tombait	A	A non fini au début de B
Cas n° 4	se mouilla	A	dut	B	A fini au début de B

La règle des actions passées est :
Lorsque l'action A n'est pas finie au début de l'action B, elle se met à l'imparfait. Lorsque l'action A est finie au début de l'action B, elle se met au passé simple (au passé composé à l'oral). La dernière action passée est au passé simple (au passé composé à l'oral).

Comparez vos résultats à ceux des autres groupes.

✢ **Passons aux trains d'actions.**
On leur applique la même règle. La différence est que **dans un train, toutes les actions sont solidaires et au même temps.**

En groupes, analysez les exemples suivants et énoncez la règle qui amène à cette solution :
1. *Quand il voyait une araignée, il se mettait à trembler, se retournait et partait en courant, ce qui faisait rire les témoins. Il finit par aller consulter un psychologue.*
2. *Tout le temps de son séjour à la campagne, quand il vit une araignée, il se mit à trembler, se retourna et partit en courant, ce qui fit rire les témoins. Cette phobie cessa avec son départ.*
3. *Ce jour-là, elle alla voir un psy. Quand elle se retrouvait dans un ascenseur, elle se sentait mal. Ses genoux tremblaient, son front se couvrait de sueur, et elle était prise de vertige.*
4. *Elle alla voir un psy, au quatrième étage. Après la séance, quand elle se retrouva dans l'ascenseur, elle se sentit mal. Ses genoux tremblèrent, son front se couvrit de sueur, et elle fut prise de vertige.*

Retrouvez d'abord si le train est en position A, ou B, et si l'action individuelle est l'action A ou B.

Dites ensuite si A (train d'actions ou action) est terminé(e) quand B commence ou non. Dites d'abord comment il faut comprendre ce qui s'est passé dans chacun des cas.

n°	verbe 1	A / B	verbe 2	A / B	A fini /non fini au début de B
n° 1	voyait mettait retournait partait	A	sortit	B	A non fini au début de B
n° 2	vit, se mit, retourna, partit	A	cessa	B	A fini au début de B
n° 3	alla	B	retrouvait, se sentait, tremblaient, était	A	A non fini au début de B
n° 4	alla	A	retrouva, se sentit, trembla, fut	B	A fini au début de B

La règle des actions passées est :
Lorsque A n'est pas finie au début de B, A se met à l'imparfait. Lorsque A est finie au début de B, A se met au passé simple (au passé composé à l'oral). La dernière action (ou le dernier train passé) est au passé simple (au passé composé à l'oral). Si A (ou B) est un train d'actions, toutes les actions qui le composent se mettent au même temps.

 Exercice n° 7 : trains et actions individuelles :

Mettez les verbes entre parenthèses au temps voulu par le contexte. Attention aux trains, mais aussi aux actions individuelles.
Lorsque M. Lamouche {01 : buvait} (boire) du vin, il {02 : devenait} (devenir) tout rouge et {03 : disait} (dire) des bêtises. Un jour, sa femme, qui {04 : commençait} (commencer) à en avoir assez, lui {05 : dit} (dire) : « Tu t'es vu quand tu as bu ? » Il se {06 : regarda} (regarder) et {07 : arrêta} (arrêter) de boire.

Enseigner l'emploi des temps simples du passé

Toutes les fois que M. Lalouche {08 : allait} (aller) rendre visite à sa belle-mère, celle-ci ne {09 : manquait} (manquer) pas de lui dire qu'il n'{10 : était} (être) pas un bon parti pour sa fille.

Quand M. Ladouche {11 : sortit} (sortir) du bureau, il {12 : fut} (être) tout étonné de voir sa femme l'attendant devant la porte.
Les autres jours, elle {13 : préférait} (préférer) rester chez elle et {14 : attendait} (attendre) son arrivée.

Commentaires
01 : L'action fait partie d'un train qui est encore en route au moment où une action nouvelle, "elle lui dit", arrive. Il est donc à l'imparfait.}
02 : L'action fait partie d'un train qui est encore en route au moment où une action nouvelle, "elle lui dit", arrive. Il est donc à l'imparfait.}
03 : L'action fait partie d'un train qui est encore en route au moment où une action nouvelle, "elle lui dit", arrive. Il est donc à l'imparfait.}
04 : L'action est individuelle. Elle n'est pas terminée avant que l'action suivante ne commence. Elle est donc à l'imparfait.}
05 : L'action est individuelle. Elle est terminée avant que l'action suivante ne commence. Elle est donc au passé simple.}
06 : L'action est individuelle. Elle est terminée avant que l'action suivante ne commence. Elle est donc au passé simple.}
07 : L'action est individuelle. Elle est terminée avant que l'action suivante ne commence. Elle est donc au passé simple.}
08 : L'action fait partie d'un train qui est encore en route au moment où une action nouvelle, "elle lui dit", arrive. Il est donc à l'imparfait.}
09 : L'action fait partie d'un train qui est encore en route au moment où une action nouvelle, "elle lui dit", arrive. Il est donc à l'imparfait.}
10 : L'action est individuelle. C'est un présent qui est devenu imparfait au discours indirect .«Vous n'êtes pas un bon parti» ⓟ«qu'il n'était pas un bon parti.»}
11 : L'action est individuelle car elle a lieu une fois. Elle est terminée avant que l'action suivante ne commence. Elle est donc au passé simple.}
12 : L'action est individuelle car elle a lieu une fois. Elle est terminée avant que l'action suivante ne commence. Elle est donc au passé simple.
13 : L'action fait partie d'un train (les autres jours, donc, presque toutes les autres fois) qui est encore en route au moment où une action nouvelle, "elle lui dit", arrive. Il est donc à l'imparfait.
14 : L'action fait partie d'un train qui est encore en route au moment où une action nouvelle, "elle lui dit", arrive. Il est donc à l'imparfait.

 Exercice n° 8 : temps simples du passé

Mettez le verbe entre parenthèses au temps simple du passé voulu par le contexte.

Toutes les fois que Jules {01 : repeignait} (repeindre) la porte de sa maison, un chien {02 : venait} (venir) faire pipi dessus. Cette fois-ci, il {03 : préféra} (préférer) faire effectuer ce travail par un peintre, tandis que lui montait la garde devant la maison, armé d'un fusil de chasse. Aucun chien ne {04 : vint} (venir) salir sa porte, certes, mais cette méthode {05 : fit} (faire) un grand trou dans ses finances. Mais «qui veut la fin veut les moyens!»

Quand le mari de Mme Cornue {06 : voyait} (voir) passer une fille, il ne {07 : pouvait} (pouvoir) pas s'empêcher de lui faire la cour. Un jour, Mme Cornue en {08 : eut} (avoir) assez et lui {09 : cacha} (cacher) ses lunettes. Comme il {10 : était} (être) myope comme une taupe, il {11 : fut} (être) désormais incapable de voir les filles et ne leur {12 : fit} (faire) plus jamais la cour. Il ne {13 : vit} (voir) pas non plus que sa femme le {14 : trompait} (tromper) avec l'employé du gaz, et ils {15 : vécurent} (vivre) heureux et {16 : eurent} (avoir) beaucoup d'enfants, comme dans les contes de fées.

Enseigner l'emploi des temps simples du passé

> Toute sa vie, quand M. Gousdail {17 : se rendit} (se rendre) à Paris, il {18 : alla} (aller) voir la Joconde. Mme Gousdail, elle, quand elle {19 : allait} (aller) à Bruxelles, ne {20 : manquait} (manquer) jamais d'aller voir le Manneken-Pis. Pourtant, en 1987, elle ne {21 : put} (pouvoir) pas le voir: il avait été volé par des bandits!"

Commentaires :
01 : Train en marche lorsqu'une nouvelle action, "il préféra" survient: → imparfait.
02 : Train en marche lorsqu'une nouvelle action, "il préféra" survient: → imparfait.
03 : Action individuelle qui s'arrête d'elle-même avant une autre action. : → passé simple
04 : Action individuelle qui s'arrête d'elle-même avant une autre action. : → passé simple.
05 : Action individuelle qui s'arrête d'elle-même avant une autre action. : → passé simple.
06 : Train en marche lorsqu'une nouvelle action, "elle en eut assez" survient: → imparfait.
07 : Train en marche lorsqu'une nouvelle action, "elle en eut assez" survient: → imparfait.
08 : Action individuelle qui s'arrête d'elle-même avant une autre action. : → passé simple.
09 : Action individuelle qui s'arrête d'elle-même avant une autre action. : → passé simple.
10 : Action individuelle qui est encore en train lorsque la suivante, "il fut incapable de voir" commence : → imparfait.
11 : Action individuelle simultanée avec « fit » et qui s'arrête d'elle-même avant une autre action. : → passé simple.
12 : Action individuelle simultanée avec « il fut » et qui s'arrête d'elle-même avant une autre action. : → passé simple.
13 : Action individuelle qui s'arrête d'elle-même avant une autre action. : → passé simple.
14 : Action individuelle qui est encore en train lorsque la suivante, "vécurent et eurent" commence : → imparfait.
15 : Action individuelle qui s'arrête d'elle-même avant une autre action. : → passé simple.
16 : Action individuelle qui s'arrête d'elle-même avant une autre action. : → passé simple.
17 : Train qui s'arrête avant qu'une nouvelle action ne commence: → passé simple.
18 : Train qui s'arrête avant qu'une nouvelle action ne commence: → passé simple.
19 : Train en marche lorsqu'une nouvelle action, "put" survient: → imparfait.
20 : Train en marche lorsqu'une nouvelle action, "put" survient: → imparfait.
21 : Action individuelle qui s'arrête d'elle-même avant une autre action. : → passé simple.

 Exercice n° 9 Texte complet.

> Complétez en mettant le verbe entre parenthèses au temps du passé voulu par le contexte."
>
> Deux cœurs s'enflamment au bal des pompiers.
>
> Lorsque Roméo Panard {01 : aperçut} (apercevoir) Juliette Michu, au bal des pompiers, il {02 : sentit} (sentir) son cœur tressaillir dans sa poitrine. Elle {03 : portait} (porter) ce soir-là un costume fluo, sorti tout droit du Monoprix de Neuilly sur Seine, qui la {04 : moulait} (mouler) parfaitement, ce qui, lorsqu'elle {se mit} Action individuelle non interrompue par la suivante, "coupa" : → passé simple.} (se mettre) à balancer les hanches au rythme endiablé de la musique, {05 : coupa} (couper) le souffle au jeune homme."
>
> Subjugué, il {06 : essayait} (essayer) de s'approcher d'elle lorsqu'il {07 : se rendit} (se rendre) compte qu'elle {08 : était} (être accompagnée) par un gros plein de soupe, aux avant-bras musclés et velus comme ceux de Popeye. Lui, il {09 : était} (être) gras comme une tringle à rideaux, ce qui ne {10 : laissait} (laisser) guère de place aux muscles... Il {11 : préféra} (préférer) donc rester un peu en retrait, afin de voir venir.
>
> Cela {12 : faisait} (faire) bien dix minutes qu'il {13 : observait} (observer) le couple qui {14 : gigotait} (gigoter) sur la piste lorsque la musique {15 : stoppa} (stopper) brusquement. Roméo eut l'immense satisfaction de voir Popeye et Juliette se séparer. Selon toute apparence, ils ne se {16 : connaissaient} (connaître) pas. Il {17 : prit} (prendre) la décision de l'inviter à danser. Mais comment s'y prendre?"

54

Tandis qu'il se {18 : demandait} (demander) comment l'aborder, il {19 : vit} (voir) avec horreur qu'une espèce de Rambo {20 : s'approchait} (s'approcher) de la reine de son cœur. "

Comme Rambo qui {21 : devait} (devoir) chatouiller les deux mètres, {22 : se baissait} (se baisser) pour parler à la frêle Juliette, Roméo {23 : prit} (prendre) son courage à deux " mains, {24 : se plaça} (se placer) entre eux et {25 : bégaya} (bégayer):
« Ma... Ma ... Mademoiselle, voulez-vous b... b... bien m'ac... m'ac... m'accorder cette d... d... d... danse? » ce qui {26 : prit} (prendre) bien une minute.

La pauvre Juliette en {27 : resta} (rester) sans voix, car cette invitation {28 : semblait} (sembler) sortir d'un autre Âge. En effet, si, autrefois, on {29 : s'adressait} (s'adresser) ainsi à une jeune-fille de bonne famille que l'on {30 : désirait} (désirer) inviter, de nos jours, on {31 : dit} (dire) plutôt: « Tu viens, ma poule? », ou pire encore!

Que croyez-vous qu'elle {32 : répondit} (répondre)? « Oui », bien sûr. Et c'est ainsi que {33 : commença} (commencer) une des plus belles histoires d'amour de notre époque. Vous pouvez être sûr(e) que je {34 : ressentis} (ressentir) au moment d'écrire ces lignes les mêmes émotions que William, lorsqu'il {35 : écrivit} (écrire) son célèbre « Roméo et Juliette »."

Commentaires :

01: Action individuelle terminée avant la suivante : ➔ passé simple.
02: Action individuelle terminée avant la suivante : ➔ passé simple.
03: Action individuelle en train quand la suivante, "coupa" : ➔ imparfait.
04: Action individuelle en train quand la suivante, "coupa", commence : ➔ imparfait.
05: Action individuelle finie avant la suite ➔ passé simple.
06: Action individuelle en train quand la suivante, "se rendit compte" : ➔ imparfait.
07: Action individuelle terminée avant la suivante : ➔ passé simple.
08: Action individuelle en train quand la suivante, "il préféra" : ➔ imparfait.
09: Action individuelle en train quand la suivante, "il préféra" : ➔ imparfait.
10: Action individuelle en train quand la suivante, "il préféra" : ➔ imparfait.
11: Action individuelle terminée avant la suivante : ➔ passé simple.
12: Action individuelle en train quand la suivante, "la musique stoppa" : ➔ imparfait.
13: Action individuelle en train quand la suivante, "la musique stoppa : ➔ imparfait.
14: Action individuelle en train quand la suivante, "la musique stoppa" : ➔ imparfait.
15: Action individuelle terminée avant la suivante : ➔ passé simple.
16: Action individuelle en train quand la suivante, "il prit la décision" : ➔ imparfait.
17: Action individuelle terminée avant la suivante : ➔ passé simple.
18: Action individuelle en train quand la suivante, "il vit" : ➔ imparfait.
19: Action individuelle terminée avant la suivante : ➔ passé simple.}
20: Action individuelle en train quand la suivante, "il prit son courage..." : ➔ imparfait.
21: Action individuelle en train quand la suivante, "il prit son courage..." : ➔ imparfait.
22: Action individuelle en train quand la suivante, "il prit son courage" : ➔ imparfait.
23: Action individuelle terminée avant la suivante : ➔ passé simple.
24: Action individuelle terminée avant la suivante : ➔ passé simple.
25: Action individuelle terminée avant la suivante : ➔ passé simple.
26: Action individuelle terminée avant la suivante : ➔ passé simple.
27: Action individuelle terminée avant la suivante : ➔ passé simple.
28: Action individuelle en train quand la suivante, "elle répondit" : ➔ imparfait.
29: Action individuelle en train quand la suivante, "elle répondit" : ➔ imparfait.
30: Action individuelle en train quand la suivante, "elle répondit" : ➔ imparfait.
31: présent, puisqu'on le dit maintenant.
32: Action individuelle terminée avant la suivante : ➔ passé simple.
33: Action individuelle terminée avant la suivante : ➔ passé simple.
34: Action individuelle terminée avant la suivante : ➔ passé simple.
35: Action individuelle terminée avant la suivante : ➔ passé simple.

Enseigner l'emploi des temps simples du passé

3.2 Interpréter les cas selon la règle de base

Nous avons défini la différence entre l'imparfait (qui est encore en train) et le passé simple (qui est fini). Nous pourrions en rester là, mais il n'est pas toujours facile de s'y retrouver.
Nous allons donc voir divers cas qui vont nous faire gagner du temps, car dès qu'on les a identifiés, on sait comment s'y prendre.

3.2.1 Autrefois / aujourd'hui

Nous avons déjà vu ce cas lors de l'étude de l'emploi de l'imparfait : dès que l'on compare la situation d'aujourd'hui à celle d'autrefois, on met les actions ou les trains d'actions qui ont trait à autrefois à l'imparfait.

> *Autrefois, il voulait être pompier. Aujourd'hui, il pèse 587 kg.*
>
> *Pendant son enfance, dès qu'on le mettait dans l'eau, il criait d'effroi, se débattait, devenait rouge et gigotait pour sortir de l'eau. Maintenant, il fait de la plongée et soude les tuyaux à 100 mètres sous l'eau.*

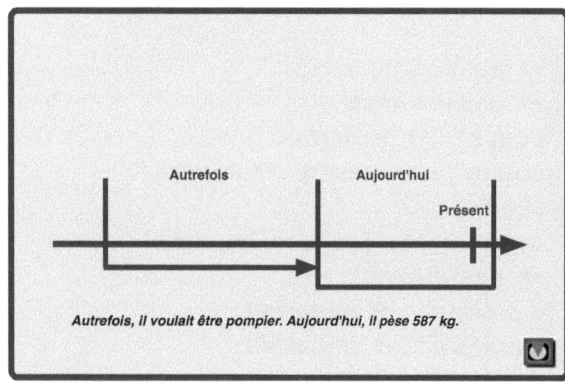

Comme vous le voyez, *autrefois* est encore en cours lorsqu'*aujourd'hui* arrive, d'où l'utilisation de l'imparfait.

 Recherches grammaticales 5 : autrefois / aujourd'hui

Vous avez dû voir ce problème dans l'unité sur l'emploi des temps de l'indicatif, à la rubrique imparfaite. Quand on veut comparer un fait passé à son équivalent présent, on utilise le système utilisé pour *autrefois / aujourd'hui*.

Autrefois est à l'imparfait parce que lorsque l'action décrite aujourd'hui arrive, la situation d'autrefois est encore en marche.

Le problème, c'est simplement de reconnaître la situation, car les personnes peuvent être différentes, ou encore les faits, voire les époques.

Vous allez essayer, dans ces recherches, de classer les exemples suivants.
1. C'est un cas d'autrefois / aujourd'hui ou non.
2. Si c'est le cas, trouvez ce qui est opposé (cas valable autrefois / cas valable aujourd'hui)

> A. *Quand il était enfant, mon père avait peur des chevaux. A 24 ans, il est devenu champion d'équitation.*
> B. *Ma voisine est devenue professeur de français. Ses parents, des immigrés, ne parlaient pas du tout cette langue.*
> C. *Autrefois, les gens mangeaient de la viande bien dure. Aujourd'hui, ils mangent de la viande hachée.*
> D. *Les hommes préhistoriques chassaient le lion avec un gourdin. Nous, nous achetons des steaks hachés au supermarché.*
> E. *Les Grecs ont brillé par leur philosophie, les Romains ont été les champions de l'organisation et de la stratégie militaire.*

Cas	Autrefois/ aujourd'hui ?	Si oui : autrefois	Aujourd'hui
A	Oui	Il avait peur des chevaux	Il fait de l'équitation
B	Oui	Les parents ne parlaient pas français	La fille devient prof de français
C	Oui	Les gens mangeaient de la viande dure	Ils mangent de la viande hachée
D	Oui	Les hommes préhistoriques chassaient les lions avec des armes dérisoires.	Nous achetons le steak tout près au supermarché.
E	non	Il n'y a pas d'opposition dans le temps : les 2 cas sont présentés comme contemporains, simultanés.	

Comparer vos résultats à ceux des autres groupes.

 Exercice n° 10 : Autrefois / aujourd'hui

Mettez le verbe entre parenthèses au temps voulu par le contexte.

Autrefois, on {01 : acceptait} (accepter) de s'ennuyer à l'école. Mais de nos jours, les élèves {02 : veulent} (vouloir) que les cours soient distrayants.

Dans sa jeunesse, Paulo {03 : dormait} (dormir) jusqu'à midi, mais depuis son mariage, il {04 : se lève} (se lever) à 6 heures du matin.

Hier, Jules {05 : rencontra} (rencontrer) Marie dans un café. Ils {06 : se racontèrent} (se raconter) des histoires jusqu'à la fermeture de l'établissement puis {07 : se séparèrent} (se séparer).

A l'âge de huit ans, Julie {08 : voulait} (vouloir) être infirmière. Mais depuis un an, elle {09 : est} (être) directrice d'un hôpital.

Ce matin, Charles {10 : mettait} (mettre) ses chaussures lorsqu'un lacet {11 : cassa} (casser) net. Autrefois, un tel événement le {12 : mettait} (mettre) en rage, mais depuis qu'il {13 : fait} (faire) du yoga, il {14 : est} (être) plutôt zen.

Il {15 : avait} Action individuelle qui dure encore lorsqu'il va au rendez-vous en pantoufles: ➔ imparfait.} (avoir) rendez-vous avec Gaëtane à 10 heures. Au début de leur relation, celle-ci {16 : était} (être) ponctuelle, et même, en avance. Mais depuis qu'elle {17 : fait} (faire) du yoga, elle aussi, elle {18 : arrive} (arriver) régulièrement en retard.
Charles {19 : alla} (aller) donc tranquillement au rendez-vous en pantoufles.

Commentaires

01 : Règle "Autrefois/aujourd'hui". Autrefois se met à l'imparfait: "on acceptait".
02 : Règle "Autrefois/aujourd'hui" .Si l'action est encore valable aujourd'hui, on la mettra au présent.
03 : Règle "Autrefois/aujourd'hui" Autrefois se met à l'imparfait: "Paulo dormait jusqu'à midi."
04 : Règle "Autrefois/aujourd'hui" Aujourd'hui, si l'action est encore valable aujourd'hui, on la mettra au présent: "il se lève à 6h".
05 : Action individuelle passée, terminée avant que la suivante (se raconter) commence: ➔ passé simple.
06 : Action individuelle passée, terminée avant que la suivante (se séparèrent) commence: ⓟpassé simple.
07 : Dernière action passée : ⓟ passé simple.}
08 : Règle "Autrefois/aujourd'hui" Autrefois, c'est ici "à l'âge de huit ans". L'action se met à l'imparfait: "elle voulait"

Enseigner l'emploi des temps simples du passé

> 09 : Règle "Autrefois/aujourd'hui" Aujourd'hui, c'est depuis un an jusqu'à maintenant. Comme l'action est encore valable aujourd'hui, on la mettra au présent : "elle est directrice"
> 10 : Action individuelle qui dure encore lorsque le lacet casse: ℗ imparfait.
> 11 : Action individuelle terminée avant une autre action : ➔ passé simple.
> 12 : Règle "Autrefois/aujourd'hui" Autrefois se met à l'imparfait: "un tel événement le mettait en rage"
> 13 : Règle autrefois / aujourd'hui. L'action correspondant à aujourd'hui (il fait du yoga) dure encore: ➔ présent.
> 14 : Règle autrefois / aujourd'hui. L'action correspondant à aujourd'hui (il est plutôt zen) dure encore: ➔ présent.
> 15 : Action individuelle qui dure encore lorsqu'il va au rendez-vous en pantoufles: ➔ imparfait.
> 16 : Règle "Autrefois/aujourd'hui" Autrefois (au début de leur relation)se met à l'imparfait: "elle était ponctuelle".
> 17 : Règle autrefois / aujourd'hui. L'action correspondant à aujourd'hui (elle fait du yoga) dure encore: ➔ présent.
> 18 : Règle autrefois / aujourd'hui. L'action correspondant à aujourd'hui (elle arrive en retard) dure encore: ➔ présent.
> 19 : Dernière action passée ➔ passé simple: "il alla".

3.2.2 Quand tout dépend du verbe

Quelquefois, il faut étudier le verbe pour savoir quel temps mettre.

Nous aurons trois cas intéressants :
- C'est le sens du verbe qui nous amène à choisir.
- Le verbe appartient à la catégorie des verbes bascules.
- C'est le verbe *devoir* à l'imparfait ;

3.2.2.1 Attention au sens

 Recherches grammaticales 6 : attention au sens.

Il y a des verbes qui méritent que l'on y réfléchisse.

	Mettez-vous en groupes et expliquez la différence entre :	
1	Il meurt / il est mort	Il meurt : il passe de la vie à la mort Il est mort : il a fini de mourir. Il est donc mort, contraire de vivant, et c'est pour longtemps.
2	elle naît / elle est née	Elle naît : elle est expulsée hors du ventre de sa mère. Elle est née : elle a terminée sa naissance et reste née pour l'éternité (César reste né à Rome, même s'il est mort).
3	Ils se marient / ils sont mariés	Se marier : être unis par une cérémonie officielle, le mariage. Ils sont mariés : état, statut qui suit le mariage.
4	Il se met à dormir / il dort	Il se met à dormir : il passe de la veille au sommeil. Il dort : il est en plein sommeil, et le restera jusqu'à son réveil.
5	Il se lève /il est levé	Il passe de la position assise ou couchée à la position debout. Il est levé : il est debout, suite au fait de se lever.

	Expliquez ce que cela peut vouloir dire. Dites ensuite si cela est possible ou non, et pourquoi.
6	*Je bois du café depuis que j'ai 8 ans.* Si cette personne a plus de 8 ans, l'expression est mauvaise. En effet, depuis que j'ai 8 ans signifie que cela a commencé le jour où il a eu 8 ans, et que cela dure tant qu'il a 8 ans. S'il a plus de 8 ans, cela ne peut plus durer tant qu'il a 8 ans puisqu'il n'a plus 8 ans. Possible : *tant que j'ai eu 8 ans* : cela a commencé le jour des 8 ans, et a cessé à l'âge de 9 ans. *Depuis l'âge de 8 ans*, cela a commencé quand j'ai eu 8 ans, et peut durer cent ans ou plus.

7	*Je bois du vin depuis que j'ai l'âge de raison.* Tout-à-fait possible. Il a commencé à boire du vin le jour de ses 18 ans et continue à en boire, puisqu'à partir de 18 ans, on a –du moins officiellement- l'âge de raison et qu'on le garde.
8	*Pépin le Bref est le père de Charlemagne.* Ils sont morts tous les deux depuis très longtemps, mais Pépin le Bref restera pour l'éternité le père de Charlemagne.
9	*Berthe au grand pied était la mère de Charlemagne.* A l'époque dont on parle, Berthe au grand pied (elle avait un pied plus grand que l'autre) était la mère de Charlemagne. Maintenant aussi, d'ailleurs, comme Pépin le Bref était son père.
10	*Joséphine de Beauharnais fut la femme de Napoléon.* Le passé simple signifie que ce n'est plus le cas, ce qui est vrai, puisque Napoléon a divorcé d'elle, qui ne pouvait pas avoir d'enfants, pour pouvoir épouser Marie Thérèse d'Autriche, qui a mis au monde l'Aiglon, le fils de Napoléon Ier

Conclusion : Quels traits pertinents (quels éléments déterminants) pouvez-vous tirer de vos observations pour le choix du passé simple ou de l'imparfait. Donnez des exemples.

Ce qui est déterminant, c'est que l'action A, qui a commencé la première, doit être encore en marche lorsque l'action B commence pour qu'on puisse la mettre à l'imparfait :
Elle traversait la rue lorsqu'elle fut renversée par un autobus. A = traversait (imparfait).
Mais si elle est terminée lorsque B commence, on la mettre au au passé simple (passé composé à l'oral)
Elle traversa la rue. Arrivée de l'autre côté, elle entra dans une boutique.
A= traversa (passé simple). L'action est finie lorsque B(= entra) commence.

Il faut donc bien interpréter le verbe de l'action A :
Il *mourut*. Il a donc fini de mourir, mais il n'a pas fini *d'être mort* : Il *était* mort depuis un mois lorsque sa femme *mourut* elle aussi de chagrin.

Comparez vos résultats à ceux des autres groupes. Faites le point avec votre professeur.

Analysez l'emploi du temps dans ces phrases :
• Henri IV mourut en 1610. • Comme il était mort, sa femme Marie de Médicis devint régente.
A votre avis, pourquoi a-t-on le passé simple mourut dans la première phrase, alors que l'on a l'imparfait dans la seconde ?
Mourut : le roi meurt, et puis, il finit de mourir. Ensuite, il ne meurt plus. Comme l'action est terminée sans que ne survienne une nouvelle action, on emploiera le passé simple. *était mort* : quand sa femme devient régente il est encore mort. On emploie donc l'imparfait. Attention, quelqu'un qui n'est plus mort est forcément ressuscité.

 Exercice n° 11 (20) : sens du verbe

Mettez les verbes entre parenthèses au temps simple du passé voulu par le contexte. Attention au sens du verbe. Pensez à tout ce que vous avez appris jusqu'à maintenant.
Histoires tristes
Le 12 juin, M. Durand {01 : reçut} (recevoir) une lettre qui lui {02 : 06 : demandait} (demander) de payer l'assurance pour sa voiture. M. Durand, qui {03 : était} Action individuelle non

terminée lorsque l'action suivante arrive (M. Durand était encore mort): "reçut" ➜ imparfait : "il était mort"} (être) mort depuis un an, ne {04 : put} (pouvoir) pas répondre, et quand les huissiers {05 : arrivèrent} (arriver) pour saisir les meubles, ils {06 : durent} (devoir) rentrer chez eux à vide.

Mme Jeanne Calment {07 : mourut} (mourir) en 1997, à l'âge de 122 ans, battant le record de longévité. Elle {08 : naquit} (naître) à Arles en 1875 et {09 : rencontra} (rencontrer) Van Gogh, qui {10 : vivait} (vivre) aussi à Arles. On l'{11 : enterra} (enterrer) dans sa ville natale.

Les employés des pompes funèbres s'appellent familièrement des croque-morts. J'en {12 : demandai} (demander) la raison à un employé qui me {13 : raconta} (raconter) que ce nom, apparu pour la première fois en 1788, {14 : avait} (avoir) pour origine une habitude ancienne. Lorsqu'une personne {15 : mourait} (mourir), on employait un moyen particulier pour constater sa mort. Une personne {16 : venait} (venir) lui mordre le gros orteil. S'il ne {17 : disait} (dire) rien, on en déduisait qu'il {18 : était} (être) mort. S'il {19 : vivait} (vivre) encore, il {20 : se mettait} (se mettre) à crier de douleur.

Commentaires

01 : Action individuelle terminée lorsque l'action suivante arrive: "ne put pas répondre" ➜passé simple : "il reçut"
02 : Action individuelle non terminée lorsque l'action suivante arrive (la lettre disait encore la même chose): "reçut" ➜ imparfait : "elle disait"
03 : Action individuelle non terminée lorsque l'action suivante arrive (la lettre disait encore la même chose): "reçut" ➜imparfait : "elle disait"
04 : Action individuelle terminée lorsque l'action suivante arrive: "ne put pas répondre" ➜
    passé simple : "ils arrivèrent"
05 : Action individuelle terminée lorsque l'action suivante arrive: "ils durent rentrer chez eux"
    ➜   passé simple : "ils arrivèrent"
06 : Action individuelle, la dernière du texte: ➜   passé simple : "ils durent"
07 : Action individuelle terminée (il a fini de mourir) lorsque l'action suivante arrive: "on l'enterra" ➜   passé simple : "elle mourut"
08 : Action individuelle terminée (elle a fini de naître) lorsque l'action suivante arrive: "elle rencontra Van Gogh" ➜   passé simple : "elle naquit"
09 : Action individuelle terminée lorsque l'action suivante arrive: "on l'enterra" ➜   passé simple : "elle rencontra"
10 : Action individuelle qui n'était pas encore terminée (il vivait toujours) lorsqu'elle l'a rencontré. imparfait ➜   "il vivait"
11 : Action individuelle, la dernière du texte : ➜ passé simple : "on l'enterra"
12 : Action individuelle terminée lorsque l'action suivante arrive : "il me raconta" ➜ passé simple : "j'en demandai"
13 : Action individuelle, la dernière du texte : ➜ passé simple : "qui me raconta"
14 : Discours indirect : le présent devient imparfait: "a pour origine ➜ avait pour origine"
15 : Train d'actions au discours indirect, correspondant à autrefois/aujourd'hui. L'imparfait (d'autrefois/aujourd'hui) reste imparfait au discours indirect: ➜ « mourait »
16 : Train d'actions au discours indirect, correspondant à autrefois/aujourd'hui. L'imparfait (d'autrefois/aujourd'hui) reste imparfait au discours indirect: ➜ " mourait"
17 : Train d'actions au discours indirect, correspondant à autrefois/aujourd'hui. L'imparfait (d'autrefois/aujourd'hui) reste imparfait au discours indirect: ➜ " venait"
18 : Train d'actions au discours indirect, correspondant à autrefois/aujourd'hui. L'imparfait (d'autrefois/aujourd'hui) reste imparfait au discours indirect: ➜ " était"
19 : Train d'actions au discours indirect, correspondant à autrefois/aujourd'hui. L'imparfait (d'autrefois/aujourd'hui) reste imparfait au discours indirect: ➜ " vivait"
20 : Train d'actions au discours indirect, correspondant à autrefois/aujourd'hui. L'imparfait (d'autrefois/aujourd'hui) reste imparfait au discours indirect: ➜ " il se mettait"

3.2.2.2 Les verbes bascules

 Recherches grammaticales 7 : verbe bascule ou non ?

Un verbe bascule énonce une action **qui se termine dès qu'elle a commencé**.
    Ex : *allumer la lumière électrique.*
Attention, si vous allumez un feu de bois en frottant deux silex l'un contre l'autre pour déclencher le feu, le verbe allumer ne sera pas un verbe bascule, parce que, comme on dit en Provence, « vous avez le temps de tuer un âne à coup de figues molles », le temps d'allumer le feu.

Ces verbes sont intéressants car il est impossible de faire démarrer une nouvelle action entre le début et la fin.
On pourrait alors se dire que si l'on n'arrive pas à faire démarrer une nouvelle action, le verbe ne pourra jamais se mettre à l'imparfait.
Mais c'est oublier qu'un tel verbe peut se retrouver dans un train d'actions qui, lui, peut être interrompu, ce qui oblige à mettre toutes les actions qui le constituent à l'imparfait.
Ainsi, en actions individuelles, on aura :
    Elle regarda dans la cour mais ne vit personne.

Et en trains :

Voici un train encore en marche lorsqu'elle décide d'installer une caméra, d'où l'imparfait.
    Tous les jours, quelqu'un sonnait à la porte d'entrée, mais quand elle regardait dans la cour, elle ne voyait personne. Alors, elle décida d'installer une caméra devant la porte.
Voici maintenant un train qui va jusqu'au bout, sans que rien de nouveau ne se passe, d'où le passé simple.
    Tant qu'elle habita en HLM, ce fut la même chose. Quelqu'un sonna à la porte d'entrée et quand elle regarda par la fenêtre, elle ne vit personne. Et cela dura jusqu'à son déménagement pour un quartier plus élégant de la ville.

Vous allez faire un exercice où vous allez devoir trouver si un verbe est un verbe bascule ou pas.

Dites si le verbe en marron est un verbe bascule ou non
"Écoute" un peu. Je crois que j'ai entendu un bruit. {01 : oui}
Gaston "écoute" la radio. {02 : non}
Jacques "alluma" sa lampe. {03 : oui}
Les hommes de Cro-Magnon "allumaient" le feu en frottant des cailloux l'un contre l'autre. {04 : non}
Le manifestant "alluma" son cocktail Molotov et le lança sur les policiers. {05 : oui}
Le matin, j'"allume" ma radio dès que je me lève. {06 : oui}
Les pompiers "éteignirent" le feu de forêt. {07 : non}
Elle "éteignit" la lumière. {08 : oui}
"Touche" comme son front est chaud ! Elle a au moins 39° de fièvre. {09 : oui}
Comment cela, tu ne sais pas résoudre ce problème ? "Réfléchis" un peu ! {10 : oui}

Commentaires
01 : C'est un verbe bascule, car l'action d'"écouter un peu", qui signifie : allume ton système pour entendre, se termine dès qu'elle a commencé.
02 : Ce n'est pas un verbe bascule, car on peut faire l'action d'"écouter la radio" très longtemps.
03 : C'est un verbe bascule, car l'action d'"allumer une lampe" se termine dès qu'elle a commencé.
04 : Ce n'est pas un verbe bascule, car il faut beaucoup de temps pour "allumer le feu avec des cailloux" très longtemps.
05 : C'est un verbe bascule, car l'action d'"allumer un cocktail Molotov", qui contient de l'essence se termine dès qu'elle a commencé. (quand on est un spécialiste, bien sûr !)
06 : C'est un verbe bascule, car l'action d' "allumer une radio" se termine dès qu'elle a commencé.

Enseigner l'emploi des temps simples du passé

> 07 : Ce n'est pas un verbe bascule, car il faut beaucoup de temps (et beaucoup d'eau) pour "éteindre un feu de forêt".
> 08 : C'est un verbe bascule, car l'action d'"éteindre une lampe" se termine dès qu'elle a commencé.
> 09 : C'est un verbe bascule, car l'action de "toucher un peu" se termine dès qu'elle a commencé.
> 10 : C'est un verbe bascule, car l'action de "réfléchir un peu", c'est-à-dire de mettre son cerveau en marche, se termine dès qu'elle a commencé.

 Exercice n° 13

> Mettez les verbes entre parenthèses au temps du passé voulu par le contexte.

> Il y {01 : avait} (avoir) à Nice une maison située sur un rocher en bordure de mer, et que l'on{02 : appelait} (appeler) la maison hantée.
> Un célèbre chasseur de fantôme {03 : alla} (aller) y passer une nuit. Il {04 : dormait} (dormir) du sommeil du juste lorsqu'il {05 : fut réveillé} (réveiller) par un bruit. Il {06 : écouta} (écouter) donc pour savoir ce que c'{07 : était} (être) , mais n'{08 : entendit} (entendre) rien de particulier, sinon un très léger bruit de voix, comme on {09 : pouvait} (pouvoir) en entendre lorsque l'on {10 : écoutait} (écouter) une émission radiophonique.
>
> Il {11 : se leva} (se lever) , {12 : se rendit} (se rendre) dans la salle à manger et {13 : regarda} (regarder) pour voir s'il y {14 : avait} (avoir) quelqu'un. Mais non, il ne {15 : vit} (voir) personne.
>
> C'{16 : était} (être) souvent comme cela, dans la chasse aux fantômes. Quand on {17 : entendait} (entendre) un bruit, on {18 : écoutait} (écoute) , mais le plus souvent, cela ne {19 : donnait} (donner) rien. Et si l'on {20 : regardait} (regarder) dans tout l'appartement, à la recherche d'une cause plausible, on ne {21 : voyait} (voir) rien.
> Il {22 : se recoucha} (se recoucher) donc, sans pouvoir dormir. Il {23 : réfléchit} Verbe bascule: passé simple.} (réfléchir) un peu, se demandant ce qui {24 : pouvait} (pouvoir) déclencher un tel bruit. C'était peut-être une réunion de fantômes, ou encore le bruit de la mer dans une grotte située sous la maison.
> Vers 4 heures du matin, il {25 : entendit} (entendre) à nouveau vaguement les voix. Il {26 : écouta} (écouter) : plus rien. Il {27 : alluma} (allumer) la lampe et {28 : regarda} (regarder) dans la direction d'où {29 : semblaient} (sembler) venir les voix, mais ne {30 : vit} (voir) rien. Et c'est alors qu'il {31 : comprit} (comprendre) : ces voix {32 : provenaient} (provenir) de son Smartphone. Il {33 : avait écouté} (écouter) , la veille, une émission d'une radio sur internet et {34 : n'avait pas réussi} (ne pas réussir) à éteindre cette radio. Les voix {35 : venaient} (venir) de là, pas très fortes, car il {36 : avait baissé} (baisser) le son.
> Eh oui, les fantômes se servent aujourd'hui d'un Smartphone pour vous poursuivre. On n'arrête pas le progrès.

> Commentaires :
> 01 : Il y avait encore quand la suite arrive: imparfait.
> 02 : On l'appelait toujours lorsque la suite arrive: imparfait.
> 03 : Action individuelle, terminée lorsque la suite arrive: passé simple.
> 04 : Le bruit le réveille, puis, l'action de réveiller est finie. Quand il est réveillé, on n'a pas besoin de le réveiller encore : passé simple.
> 05 : Il dort encore quand le bruit le réveille: imparfait.
> 06 : Verbe bascule, parce qu'il écoute "pour savoir": passé simple.
> 07 : Il veut savoir ce qui est en train: imparfait.
> 08 : action individuelle, terminée avant la suite: passé simple.
> 09 : Train d'action: on peut entendre quand on écoute la radio. Ce train roule encore: imparfait.
> 10 : Deuxième action du train qui roule encore : imparfait.
> 11 : Il se lève, et puis, c'est fini: passé simple.
> 12 : Il se rend dans la salle à manger et puis, c'est fini: passé simple.
> 13 : Verbe bascule: regarder pour voir. Passé simple.

62

14 : Ce qui l'intéresse, c'est de voir s'il y a encore quelqu'un: imparfait.
15 : Action individuelle qui commence, et qui se termine : il ne voit personne. Passé simple.
16 : Et c'était encore ainsi: imparfait.
17 : Train d'actions, qui roule encore puisque c'est encore comme cela: imparfait.
18 : Train d'actions, qui roule encore puisque c'est encore comme cela: imparfait.
19 : Train d'actions, qui roule encore puisque c'est encore comme cela: imparfait. Ici, il s'agit bien d'un verbe bascule, mais qui se trouve dans un train et en suit donc les règles.
20 : Train d'actions, qui roule encore puisque c'est encore comme cela: imparfait. Ici, il s'agit bien d'un verbe bascule, mais qui se trouve dans un train et en suit donc les règles.
21 : Train d'actions, qui roule encore puisque c'est encore comme cela: imparfait.
22 : Action individuelle déjà finie quand la suite arrive: passé simple.
23 : Verbe bascule: passé simple.
24 : Discours indirect. Le présent "qu'est ce qui peut" se transforme en imparfait.
25 : Action individuelle finie avant que la suite ne commence: passé simple.
26 : Verbe bascule: passé simple.
27 : Verbe bascule: passé simple.
28 : Verbe bascule: il regarde pour voir. Passé simple.
29 : Elles semblent encore venir de cette direction: imparfait.
30 : Action individuelle qui commence, et qui se termine : il ne voit rien. Passé simple.
31 : Dernière action passée du texte: passé simple.
32 : Elles proviennent encore: imparfait.
33 : Antériorité éloignée. Ce fait a eu lieu bien avant cette histoire: plus-que-parfait.
34 : Antériorité éloignée. Ce fait a eu lieu bien avant cette histoire: plus-que-parfait.
35 : Elles viennent encore: imparfait.
36 : Antériorité éloignée. Ce fait a eu lieu bien avant cette histoire: plus-que-parfait.

 Exercice n° 14: reconnaître les verbes bascules

Dites si le verbe en marron est un verbe bascule (oui) ou pas (non).

M. Dupont se demandait où étaient passées ses clés. Il regarda {01 : oui} tous les tiroirs, sans rien trouver.
→« Écoute {02 : oui} un peu, dit Mme Dupont. Tu es trop distrait. Alors, tu peux avoir posé ces clés n'importe où. L'autre jour, je t'ai regardé {03 : non} faire: tu avais posé le livret de caisse d'épargne avec le linge sale.

Réfléchis {04 : oui} un peu pour savoir où tu es passé, et ce que tu as fait depuis que tu ne les trouve plus.»

M. Dupont réfléchit {05 : non} à ce qu'avait dit sa femme. Elle avait raison, il était très distrait. Il allumait {06 : oui} la lumière quand il entrait dans une pièce et oubliait de l'éteindre {07 : oui} en ressortant. Il se déplaçait dans l'appartement, posait ses lunettes quelque part et repartait sans elles. Ce matin encore, il avait même regardé {08 : oui} dans son tiroir à chaussettes pour voir s'ils ne les y avait pas mises, et c'est en regardant {09 : oui} dans le réfrigérateur qu'il les avait trouvées, entre le beurre et le fromage.

Hier soir, il avait regardé {10 : non} la télévision et comme il voyait un peu flou, il avait essayé de régler l'appareil, et il avait senti une légère gêne dans la poche de sa chemise. Il l'avait touchée {11 : oui} pour voir ce qui le gênait: c'étaient ses lunettes! Et sans lunettes, il voyait flou.

L'après-midi, il dut sortir sans ses clés. Heureusement, sa femme restait à la maison. Il sortait dans la rue, son parapluie à la main, lorsqu'il se mit à pleuvoir. Il ouvrit donc son parapluie, et entendit un bruit métallique. Il regarda {12 : oui} sur le sol pour voir d'où venait ce bruit : c'étaient ses clés. Elles étaient tombés dans le parapluie fermé, et n'étaient sorties que parce qu'il avait plu.

Il aurait pu chercher longtemps ! Jamais il n'aurait pensé à regarder {13 : oui} dedans pour retrouver ses clés.

Commentaires

01 : L'action de "regarder" est faite pour retrouver les clés: c'est un verbe bascule.
02 : L'action d' « écouter » est chargée d'attirer l'attention de M. Dupont pour qu'il écoute les conseille de sa femme. C'est donc un verbe bascule.
03 : On regarde parce que l'on est intéressé. Ce n'est pas un verbe bascule.
04 : L'action de "réfléchir" est faite pour "savoir ce qu'on a fait": c'est un verbe bascule.
05 : Il réfléchit sur quelque chose. Ce n'est pas un verbe bascule.
06 : L'action d'"allumer" est finie dès qu'elle a commencé: c'est un verbe bascule.
07 : L'action d'"éteindre" est finie dès qu'elle a commencé: c'est un verbe bascule.
08 : L'action de "regarder" est faite pour "voir": c'est un verbe bascule.
09 : L'action de "regarder" est faite pour "trouver": c'est un verbe bascule.
10 : Il regarde la télévision. Il ne cherche rien.
11 : L'action de "toucher" est faite pour "vérifier": c'est un verbe bascule.
12 : L'action de "regarder" est faite pour "voir": c'est un verbe bascule.
13 : L'action de "regarder" est faite pour "retrouver les clés": c'est un verbe bascule.

3.2.2.3 Le verbe devoir à l'imparfait

 Recherches grammaticales 8.

Le verbe *devoir* s'emploie dans de nombreux cas. Ce qui nous intéresse ici, c'est le cas où il est à l'imparfait, alors qu'il désigne une action qui arrive en conclusion d'une série d'autres actions individuelles.
Par exemple :
Il prit son fusil, visa soigneusement, attendit que l'animal arrête de courir, tira, et manqua l'animal. Il devait rater ainsi tous les animaux convoités.
Bien sûr, il faut reconnaître si l'on a vraiment affaire à cette série d'actions se terminant par une conclusion.

Analysez les exemples qui suivent et dites s'il s'agit d'une telle construction (oui) ou pas (non)
Cas A : Il fut invité chez sa sœur mais dut faire la vaisselle. ➔ non
Cas B : Le premier ministre présenta son projet de loi en conseil des ministres, puis, le défendit devant les députés. Il l'exposa ensuite au Sénat qui devait voter lui aussi. ➔ oui
Cas C : Ma cousine fit d'abord une année de droit. Puis, elle essaya la médecine. Peu motivée, elle changea pour des études de maths. Elle devait finir en histoire de l'art. ➔ oui
Dites si le cas est un verbe *devoir* à l'imparfait, donnant la conclusion d'une série (oui) ou pas (non) et donnez les raisons de votre choix.
Cas A : Le verbe *devoir* n'est pas à l'imparfait, et la vaisselle n'est pas la conclusion logique de la visite. ➔ non
Cas B : Le verbe *devoir* à l'imparfait s'explique parce qu'au moment où le premier ministre expose son projet devant le Sénat, ce même Sénat devait déjà et toujours voter. ➔ non
Cas C : Finir en histoire de l'art est le résultat de ses errances à l'université. ➔ oui

 Exercice n° 15 : le verbe devoir

Remplissez les trous en utilisant une forme du verbe devoir.
Les parents de Pierre n'étaient pas très riches. Il {01 : dut} donc travailler pour payer ses études de sociologie.
Pendant toute la durée de ses études, il travailla à la caisse d'un magasin de bricolage tous les week-ends. Comme il était payé double, cela lui permit de payer son loyer, sa nourriture,

> et toutes les fournitures qu'il fallut acheter, telles que les livres, stylos et cahiers. Il {02 : dut} même s'acheter un ordinateur et une imprimante pour écrire son mémoire de maîtrise, puis son DEA, et pour finir, sa thèse de doctorat.
>
> Après avoir fait toutes ces études, écrit un mémoire et une thèse, écrit des livres et des articles parus dans une revue spécialisée de sociologie, il {03 : devait} finir comme éleveur de brebis et fabricant de fromages sur le plateau du Larzac. En effet, il avait découvert entre temps l'écologie et l'agriculture bio.
>
> Heureusement, il ne {04 : devait} aucun argent ni à ses parents, ni à la banque, ayant financé ses études lui-même. Mais il {05 : dut} quitter sa place de maître de conférences à Paris III.
>
> D'ailleurs, sur le Larzac, il n'est pas le seul spécialiste en sociologie à élever des animaux. Le Larzac ressemble un peu, par sa population, à une université, celle du fromage de brebis.
>
> **Commentaires**
> 01 : Action individuelle non interrompue: passé simple.
> 02 : Action individuelle non interrompue: passé simple.
> 03 : Fin d'une série d'actions à l'imparfait.
> 04 : Action individuelle encore en train lorsqu'il quitte son travail : imparfait.
> 05 : Action individuelle non interrompue: passé simple.

3.2.3 Quand tout dépend de la conjonction ou de la préposition

Il n'y a pas que le verbe pour influer sur le choix des temps. Il y a aussi les prépositions, conjonctions et adverbes.

Il faudra donc apprendre à repérer les mots de temps, puis, à les interpréter. En particulier, nous allons étudier :

> Et (puis)
> Depuis, il y avait, cela faisait…
> Quand / lorsque
> Pendant que, tandis que, alors que
> Chaque fois que / toutes les fois que
> Comme

3.2.3.1 (Et) puis

 Recherches grammaticales 9 : et puis

Et (puis) s'emploie dans les séries d'actions, à partir de 2.
Une série d'actions qui se termine par *et (puis)* signifie :
D'abord, il a fait X, puis Y, et puis (=pour finir) Z, qui est fini aussi.
> *Invité chez sa belle-mère, il fit la cuisine, mit la table, la débarrassa, fit la vaisselle et (puis) la rangea dans le placard.*

C'est pour cela que l'on emploie le passé simple.

Attention : une série se terminant par *et puis* peut très bien être employée à l'imparfait si elle se trouve dans un train interrompu :
> *Invité chez sa belle-mère, il faisait la cuisine, mettait la table, la débarrassait, faisait la vaisselle et (puis) la rangeait dans le placard. Un jour, il divorça, et les corvées furent terminées.*

Vous voyez là *et puis* dans un train à l'imparfait puisque ce train est encore en marche lorsqu'il divorce. C'est peut-être aussi pour cela qu'il divorce. Bien sûr, après, il ne sera plus obligé de travailler chez son ex-belle-mère.

Enseigner l'emploi des temps simples du passé

 Exercice n° 16 : *et puis*

Mettez le verbe en marron au temps voulu par le contexte.
Jacques avait lu dans le journal qu'il pouvait gagner une croisière pour 2 personnes en Méditerranée à condition de répondre juste à la question: Quelle est la couleur du cheval blanc d'Henri IV. Cela tombait bien, car il connaissait la réponse: noir. Il {01 : acheta} (acheter) donc une carte postale, {02 : écrivit} (écrire) son nom et son adresse, et n'{03 : oublia} (oublier) pas d'inscrire la réponse. Puis, il {04 : colla} (coller) un timbre, {05 : alla} (aller) à la poste, {06 : mit} (mettre) la carte dans la boîte aux lettres et {07 : attendit} (attendre). 2 mois plus tard, il attendait encore quand il reçut une lettre: il avait remporté le 1er prix au concours du cheval blanc d'Henri IV.
Commentaires : 01 : Action individuelle finie avant le début de l'action suivante, "écrivit". Elle est donc au passé simple :"il acheta". 02 : Action individuelle finie avant le début de l'action suivante, "n'oublia pas". Elle est donc au passé simple :"écrivit". 03 : Action individuelle finie avant le début de l'action suivante, "colla". Elle est donc au passé simple :"oublia". 04 : Action individuelle finie avant le début de l'action suivante, "alla". Elle est donc au passé simple :"colla". 05 : Action individuelle finie avant le début de l'action suivante, "mit". Elle est donc au passé simple :"alla". 06 : Action individuelle finie avant le début de l'action suivante, "attendit". Elle est donc au passé simple :"mit". 07 : Dernière action d'une liste d'actions individuelles au passé simple, précédée de "et (puis)". Elle est donc au passé simple: "attendit".

3.2.3.2 Depuis que, cela faisait … que , il y a … que

 Recherches grammaticales 10 :

Ces trois locutions conjonctives servent à montrer la durée depuis laquelle l'action a commencé. Elle n'est donc pas finie au moment où l'action nouvelle arrive.
    Il y avait dix ans qu'elle travaillait à son roman lorsqu'elle a abandonné son œuvre.
Au moment où elle abandonne son œuvre, les dix ans sont encore valables.

 Exercice n° 17 : *Depuis que / Il y avait … que / cela faisait … que*

Mettez le verbe entre parenthèses au temps voulu par le contexte.
Il y avait à peine vingt et un ans que l'on {01 : connaissait} (connaître) la paix lorsque {02 : commença} (commencer) la deuxième guerre mondiale. Depuis qu'Hitler {03 : était} (être) à la tête de l'Allemagne, qu'il {04 : renforçait} (renforcer) son armée, qu'il {05 : muselait} (museler) son opposition et qu'il {06 : déportait} (déporter) les militants de gauche, on aurait pu se douter, en France et en Angleterre, de ce qu'il {07 : préparait} (préparer) : la conquête de l'Europe. Cela faisait plusieurs années que les spectateurs français {08 : riaient} (rire) en voyant les soldats allemands marcher au pas de l'oie, qu'ils {09 : s'esclaffaient} (s'esclaffer) en voyant Hitler et sa petite moustache, qu'ils {10 : se tordaient} (se tordre) de rire à la vue du dictateur le bras levé.

L'envie de rire {11 : devait} (devoir) leur passer lorsque les Allemands {12 : commencèrent} (commencer) à envahir l'Autriche, la Tchécoslovaquie, la Pologne et enfin la France, qui {13 : devait} (devoir) être envahie à son tour en 1939.
Et pourtant, on aurait dû comprendre...

Commentaires :

01 : "il y avait ... que" + imparfait : connaissait.
02 : Action individuelle nouvelle B dans: A quand B: passé simple.
03 : "depuis que" + imparfait : était.
04 : "depuis que" + imparfait : renforçait.
05 : "depuis que" + imparfait : muselait.
06 : "depuis que" + imparfait : déportait.
07 : Action individuelle qui n'est pas encore finie lorsqu'"on aurait dû se douter" : imparfait.
08 : "cela faisait ... que" + imparfait : riaient.
09 : "cela faisait ... que" + imparfait : s'esclaffaient.
10 : "cela faisait ... que" + imparfait : se tordaient de rire.
11 : Verbe devoir à l'imparfait à la fin d'une longue série.
12 : Action individuelle nouvelle B dans: A quand/lorsque B: passé simple.
13 : Verbe devoir à l'imparfait à la fin d'une longue série.

3.2.3.3 Quand / lorsque

Nous arrivons à la conjonction de temps la plus employée, *quand* (ou son alter ego *lorsque*), qui s'emploie d'une façon bien précise. Il nous faudra envisager
- *Quand / lorsque* à valeur logique
- *Quand* introduit l'action B
- *Quand* introduit l'action A
- *Quand* introduit une subordonnée antérieure.

3.2.3.3.1 Quand /lorsque à valeur logique est vite appris, puisque les deux actions allant ensemble, elles sont au même temps.

Quand on plonge un corps dans un liquide, il est soumis à la poussée d'Archimède.
Quand les marins grecs voulaient du vent, ils sacrifiaient des enfants.

3.2.3.3.2 Quand/lorsque à valeur temporelle

Selon que *quand* introduit A ou B, on aura à réfléchir différemment. Il faut donc que nos apprenant apprennent à distinguer dans quels cas ils se trouvent.
Nous allons donc les entraîner à reconnaître les trois situations de base :
  A quand B / quand B, A
  B quand A / quand A, B
  A quand B / Quand A, B avec A= antérieure

 Exercice n° 18 quand introduit A / quand introduit B

Trouvez le schéma qui correspond : quand A, B / B quand A /A quand B /quand B, A :
Quand Juliette sortit de chez elle, elle eut l'impression d'être suivie. {01 : quand A, B}
Quand on a cette impression, on n'a plus envie de se promener. {02 : quand A, B}
Mais Juliette ne renonçait jamais. Elle arrivait devant un magasin orné d'une grande vitrine lorsqu'elle eut l'idée de jeter un coup d'œil dedans. {03 : A quand B}
Quand elle se tourna légèrement, elle vit distinctement une femme qui la suivait. {04 : quand A, B}
La femme changea de trottoir quand elle se vit découverte.{05 : B quand A}
Elle entra même dans une boutique pour se cacher.
Quand Juliette constata sa victoire, son voisin sortait de la boulangerie. {06 : quand B, A}
Elle en profita pour l'aborder, lui racontant qu'elle était menacée par quelqu'un qui la suivait.
Quand il comprit la situation, il se sentit obligé de l'accompagner. {07 : quand A, B}
Quand on n'est pas trop bête, on sait profiter de toutes les situations. {08 : quand A}
Commentaires :

Enseigner l'emploi des temps simples du passé

```
01 : Quand A, B : A= "sortit" / B= "eut".
02 : Quand A, B : A= "a" / B= "n'a".
03 : A quand B : A= "arrivait " / B= "eut l'idée".
04 : Quand A, B : A= "tourna" / B= "vit".
05 : B quand A : A= "vit" / B= "changea".
06 : Quand B, A : A= "sortait" / B= "constata".
07 : Quand A, B : A= "comprit" / B= "sentit".
08 : Quand A, B : A= "est" / B= "sait".
```

 Recherches grammaticales 11 : quand / lorsque

ⓟ *A quand B / quand B, A*

Grâce à cette construction, l'action A commence, et B vient surprendre B (effet : coucou, je suis là !)
Il traversait au vert lorsqu'il fut renversé par un automobiliste distrait.

Si l'on met *quand / lorsque*, en première position, cela ne change rien à l'histoire, mais la présentation, l'intention n'est pas la même. Comme on commence par le fait le plus surprenant, on termine par le cadre, l'explication.
Lorsqu'il fut renversé par un automobiliste distrait, il était en train de traverser.

L'action A est donc à l'imparfait puisqu'elle a commencé mais n'est pas terminée au moment où l'action B, introduite par quand, arrive.

Répartissez-vous en groupes. Etudiez bien les exemples suivants selon les axes proposés :
- Quelle est l'action A, quelle est l'action B ?
- Quand/lorsque introduit-il A ou B.
- Comparez l'ordre du texte et l'ordre chronologique.
- Etudiez l'emploi des temps en fonctions des trois caractéristiques précédentes.

Cas proposés :

Cas A. *Il venait de l'aéroport quand il vit passer sa voisine dans une Rolls Royce.*
Cas B. *Napoléon attendait Grouchy et ses troupes quand il vit arriver le Prussien Blücher.*
Cas C. *Quand Napoléon fut battu à Waterloo, il avait de trop nombreux ennemis.*
Cas D. *Quand elle sortit de l'école, il était quatre heures.*
Cas E. *Blanche Neige vivait chez les 7 nains quand la sorcière vint la voir.*

Cas	Action A		Action B		Ordre	
	Verbe	Temps	Verbe	Temps	chronologique	du texte
A	venait	imparfait	vit	Passé sple	A quand B	A, B
B	attendait	imparfait	vit	Passé sple	A quand B	A, B
C	avait	imparfait	fut battu	Passé sple	A quand B	Quand B, A
D	était	imparfait	sortit	Passé sple	A quand B	Quand B, A
E	Vivait	Imparfait	vint	Passé sple	A quand B	Quand B, A
Vos conclusions :						
A quand B. / Quand B, A						
A est à l'imparfait parce qu'il est encore en route lorsque l'action B introduite par quand commence. B est au passé simple.						

→ **B quand A / quand A, B**

 Recherches grammaticales 12.

Répartissez-vous en groupes. Etudiez bien les exemples suivants selon les axes proposés :
- Quelle est l'action A, quelle est l'action B ?
- Quand/lorsque introduit-il A ou B.
- Comparez l'ordre du texte et l'ordre chronologique.
- Etudiez l'emploi des temps en fonctions des trois caractéristiques précédentes.

Cas proposés :

Cas A. *Quand il revint de l'aéroport, il vit sa voisine assise dans une Porsche.*
Cas B. *Quand Napoléon en eut assez de sa femme Joséphine, il divorça.*
Cas C. *Quand Napoléon en avait assez d'un ministre, il le renvoyait. Mais il ne réussit pas à se débarrasser de Talleyrand.*
Cas D. *Quand sa mère l'attendit devant l'école, elle dut l'attendre chaque fois plusieurs minutes.*
Cas E. *Lorsqu'il la vit, il tomba amoureux.*

Cas	Action A		Action B		Ordre	
	Verbe	Temps	Verbe	Temps	chronologique	du texte
A	revint	Passé simple	Vit	passé simple	Quand A, B	A, B action individ.
B	eut	Passé simple	divorça	passé simple	Quand A, B	A, B action individ.
C	Avait	Imparfait	renvoyait	Imparfait	Quand A, B	A, B train
D	attendit	Passé simple	dut	Passé simple	Quand A, B	A, B train
E	Vit	Passé simple	tomba	Passé simple	Quand A, B	A, B action individ.

Expliquez l'emploi des temps :
dans le cas C :
  Train d'actions encore en route quand « il ne réussit pas… » : imparfait.
dans le cas D :
  Train d'actions qui s'arrête de lui-même : passé simple.
dans les cas A, B, E :
  Actions passées qui se suivent : passé simple.

Comparez avec le résultat des autres groupes. Votre professeur vous aidera à faire le bilan.

 Exercice n° 19 : *A quand B / quand B, A*

Mettez le verbe entre parenthèses au temps voulu par le contexte (passé simple ou imparfait)

Paul {01 : sortait} (sortir) de chez lui quand il {02 : reçut} (recevoir) un pot de fleurs sur la tête. On dut le transporter d'urgence à l'hôpital.

Quand il {03 : reçut} (recevoir) un pot de fleurs sur la tête, Paul {04 : sortait} (sortir) de chez lui. Sa voisine, qui avait fait tomber le pot en arrosant ses fleurs, vint lui faire des excuses.

Quand Paul {05 : sortit} (sortir) de chez lui, il {06 : reçut} (recevoir) un pot de fleurs sur la tête. Légèrement blessé, il put aller à son travail.

Paul {07 : reçut} (recevoir) un pot de fleurs sur la tête quand il {08 : sortit} (sortir) de chez lui. Assommé, il tomba sur le trottoir.

Quand Paul {09 : sortait} (sortir) de chez lui, il {10 : recevait} (recevoir) un caca d'oiseau sur la tête. Un jour, il en eut assez, alla chercher son fusil et tira sur l'oiseau responsable, qu'il rata d'ailleurs.

Paul {11 : recevait} (recevoir) régulièrement un caca d'oiseau quand il {12 : sortait} (sortir) de chez lui. Un jour, il en eut assez, alla chercher son fusil et tira sur l'oiseau responsable. Depuis ce jour, plus jamais il ne {13 : reçut} (recevoir) de caca d'oiseau quand il {14 : sortit} (sortir) de chez lui.

Tout le temps qu'il vécut près d'un jardin, Paul {15: reçut} (recevoir) un caca d'oiseau quand il {16 : sortit} de chez lui.

Commentaires :
01 : "A quand B.", actions individuelles. A = imparfait, quand B= passé simple: A= il sortait.
02 : "A quand B".A = imparfait, quand B= passé simple: B= il reçut.
03 : "quand B, A", actions individuelles. "A quand B= passé simple, A = imparfait. B = il reçut}
04 : "B quand A." quand B= passé simple, A = imparfait : A= il sortit.
05 : "quand A, B", actions individuelles. A et B sont au même temps. Ici, les deux actions sont terminées quand la 3e commence: quand A=passé simple, B= passé simple.
06 : "quand A, B", actions individuelles. A et B sont au même temps. Ici, les deux actions sont terminées quand la 3e commence: quand A=passé simple, B= passé simple.
07 : "B quand A", actions individuelles au même temps : passé simple, terminées avant que la 3e action, « il tomba sur le trottoir », ne commence.
08 : "B quand A", actions individuelles au même temps : passé simple, terminées avant que la 3e action, « il tomba sur le trottoir », ne commence.
09 : "Quand A, B", donc, A et B au même temps; train d'actions encore en route: imparfait. A= sortait.
10 : "Quand A, B", donc, A et B au même temps; train d'actions encore en route: imparfait. B= recevait.
11 : "B, quand A", donc, A et B au même temps; train d'actions encore en route: imparfait. B= recevait.
12 : "B quand A", donc, A et B au même temps; train d'actions encore en route: imparfait. A= sortait.
13 : "B, quand A", donc, A et B au même temps; train d'actions terminé: passé simple. B= reçut.
14 : "B quand A", donc, A et B au même temps; train d'actions terminé: passé simple. A= sortit.
15 : "B, quand A", donc, A et B au même temps; train d'actions finit avant d'être interrompu: passé simple. B= reçut.
16 : B, quand A", donc, A et B au même temps; train d'actions finit avant d'être interrompu: passé simple. A= sortit.

 Exercice n° 20 : trouver ce qui ne va pas.

Qu'est-ce qui ne va pas ? Trouvez pour chacune de ces histoires si elle est possible, difficile à croire mais pas impossible, ou tout simplement impossible

Quand il reçut un pot de fleurs sur la tête, il sortit de chez lui. {17 : difficile à croire}.

Il reçut un pot de fleurs sur la tête quand il sortit de chez lui. {18 : possible}.

Il recevait un piano sur la tête quand il sortit de chez lui. {19 : impossible}.

Quand il recevait un piano sur la tête, il sortit de chez lui. {20 : impossible}.

Quand il reçut un piano sur la tête, il sortit de chez lui. {21 : impossible}.

Il sortit de chez lui et reçut un piano sur la tête. {22 : possible}.

Il reçut un piano sur la tête et sortit de chez lui. {23 : impossible}.

Lors de son séjour à Londres, quand il sortait de chez lui, il recevait un piano sur la tête.

> **Il en eut vite assez et ne sortit plus que par la fenêtre. {24 : impossible}**
> **Commentaires :**
> 17 : quand A, B. Il commence par recevoir un pot de fleur et sort, alors que le pot ne s'est pas encore écrasé, et sort. Question 1: comme il est à l'intérieur, d'où vient son pot? Question 2: une fois qu'on a reçu un pot de fleurs sur la tête, est-ce qu'on sort, est-ce qu'on s'écroule ou est-ce qu'on retourne chez soi pour se soigner: difficile à croire.
>
> 18 : B quand A Il commence à sortir, et c'est en sortant qu'il reçoit le pot de fleurs: possible.
> 19 : A quand B : Il est en train de recevoir un piano sur la tête (d'où vient-il, vu qu'il est à l'intérieur) et se met à sortir. Quand on reçoit un piano sur la tête, on est écrasé et on ne peut pas sortir : impossible. Cette histoire ne tient pas debout: elle est impossible.
>
> 20 : Quand A, B: les deux temps identiques à l'imparfait ne sont possibles qu'en cas de répétition. Peut-on imaginer que quelqu'un qui a reçu un piano sur la tête soit en mesure de sortir une autre fois, pour recevoir encore un piano sur la tête.
> 21 : Quand A, B. Il commence par recevoir un piano sur la tête et décide alors de sortir. Quand on reçoit un piano sur la tête, on est écrasé et on ne peut pas sortir : impossible.
> 22 : A et B: D'abord, il sort, et ensuite, une fois dehors, il reçoit le piano : possible.
> 23 : A et B: il reçoit le piano sur la tête à l'intérieur (d'où vient ce piano?) et, écrasé par le piano, sort de chez lui : impossible.
> 24 : C'est toutes les fois pareil, et c'est encore le cas le jour où il change de tactique, d'où l'imparfait. Chaque fois qu'il sort, il est écrasé par un piano: c'est bien sûr impossible qu'il puisse recommencer, un fois qu'il a été écrasé.

Quand/lorsque et l'antériorité

 Recherches grammaticales 13 : antériorité

Etudiez les cas suivants, en particulier :
Quelle est l'action A, quelle est l'action B ?
A quel temps sont-elles conjuguées ?
Laquelle est introduite par quand ?
Comparez les temps de A et de B. Qu'en concluez-vous ?

Cas A : Quand il fut arrivé au bord du lac, il se déshabilla pour se baigner.
Cas B : Quand j'ai eu réussi au bac, j'ai fait un voyage en Inde.
Cas C : Un Mexicain fit un feu d'artifice quand sa belle-mère fut morte.
Cas D : La cigale se trouva fort dépourvue quand la bise fut venue.
Cas E : Quand ma sœur aura cessé de fumer, j'organiserai une grande fête.

Cas	Action A		Action B		Action	Temps
	Verbe	Temps	Verbe	Temps	Introduite par quand	Comparez les temps Auxiliaire =
A	Fut arrivé	Pas. antérieur	Se déshabilla	Pas. simple	A	Passé Simple
B	Ai eu réussi	Pas. Surcomp.	Ai fait	Pas composé	A	Passé composé
C	Fut morte	Pas. antérieur	fit	Pas. simple	A	Passé simple
D	Fut venue	Pas. antérieur	Se trouva	Pas composé	A	Passé simple
E	Aura cessé	Fut. antérieur	organisera	Fut. simple	A	Futur simple

> **Vos conclusions :**
>
> Lorsque l'action A est introduite par quand, et qu'on marque l'antériorité, le temps antérieur de la subordonnée est le temps qui correspond au temps principal : l'auxiliaire est au temps de la principale, et le verbe au participe passé.
> **Futur antérieur** : *auxiliaire au futur simple* : quand elle aura mangé, elle se couchera.
> **Passé composé**: *auxiliaire au présent*: quand elle a mangé, elle se couche.
> **Plus-que-parfait**: *auxiliaire à l'imparfait*: quand elle avait mangé, elle se couchait.
> **Passé antérieur** : *auxiliaire au passé simple* : quand elle eut mangé, elle se coucha.
> **Passé surcomposé** : *auxiliaire au passé composé* : auxiliaire au futur simple : quand elle a eu mangé, elle s'est couchée.

Comparez avec le résultat des autres groupes. Votre professeur vous aidera à faire le bilan.

 Exercice n° 22 *quand / lorsque* et antériorité

Mettez les verbes entre parenthèses au temps voulu par le contexte.
Quand elle {01 : se fut douchée} "Quand A, B (se doucher) , elle s'habilla. En général, il lui fallait beaucoup de temps quand elle {02 : s'habillait} (s'habiller) . Mais ce jour-là, elle était pressée, car elle avait rendez-vous avec Paul, et quand on {03 : avait} (avoir) rendez-vous avec Paul, il valait mieux être à l'heure. Quand il {04 : avait attendu} (attendre) dix minutes, il rentrait chez lui. Elle allait sortir quand le téléphone {05 : sonna} (sonner). Vous avez sûrement remarqué que le téléphone sonnait quand on n'{06 : avait} (avoir) pas le temps. Et justement, elle n'avait pas le temps. Elle jeta un coup d'œil sur le téléphone et reconnut le numéro de Brigitte, son amie la plus bavarde. Quand Nathalie {07 : eut reconnu} (reconnaître) son numéro, elle résista à la tentation de décrocher. Lorsque Brigitte {08 : téléphonait} (téléphoner) , elle avait toujours mille choses à raconter. Quand elle {09 : fut arrivée} (arriver) au bas de l'escalier, elle jeta un coup d'œil sur sa montre. Elle avait vingt minutes pour prendre le bus et pour aller à son rendez-vous. Elle savait que, quand elle {10 : serait montée} (monter) dans le bus, il lui faudrait dix minutes pour aller au lieu de rendez-vous. Il fallait juste que le bus arrive dans les dix minutes, sinon, adieu Paul !
Commentaires : 01 : ". A est antérieure, parce qu'elle doit avoir fini de se doucher avant de s'habiller. B est au passé simple ➔ A est au passé antérieur. 02 : "Quand A, B": 2 actions au passé simple. 03 : "Quand A, B" .A et B sont au même temps: l'imparfait. 04 : "Quand A, B": L'action A est antérieure. B est à l'imparfait ➔ A est au plus-que-parfait. 05 : "A quand B". Comme A est à l'imparfait, quand B sera au passé simple. 06 : "B quand A". Les deux actions sont simultanées, même si A a commencé avant B. A et B sont donc à l'imparfait. 07 : "Quand A, B". A est antérieure, car elle doit avoir reconnu le numéro avant de savoir à qui il appartient. B est au passé simple ➔A est au passé antérieur. 08 : "Quand A, B". Les deux actions sont simultanées, même si A commence en premier. Elles sont donc au même temps: l'imparfait. 09 : "Quand A, B". A est antérieure, parce qu'elle doit être en bas de l'escalier avant de regarder sa montre. B est au passé simple ➔ A est au passé antérieur. 10 : "Quand A, B". A est antérieure, parce qu'elle doit être montée avant que le bus roule pendant 10 minutes? B est au conditionnel présent. ➔ A est au conditionnel passé 1e forme.

3.2.3.4 Chaque fois que / toutes les fois que

 Recherches grammaticales 14.

Analysez les exemles suivants :
Chaque fois qu'il fumait, il toussait. Il dut aller chez le médecin.
➔ Quand il fumait, il toussait. . Il dut aller chez le médecin.
Toutes les fois que le petit Paul eut une bonne note, sa grand-mère lui fit un cadeau.
⑫ Quand le petit Paul eut une bonne note, sa grand-mère lui fit un cadeau..
J'irai l'aider chaque fois qu'elle aura besoin de moi.
⑫ J'irai l'aider quand elle aura besoin de moi.
Toutes les fois que le soleil se levait, le coq chantait. Jusqu'au jour où on lui tordit le cou.
➔ Quand le soleil se levait, le coq chantait. Jusqu'au jour où on lui tordit le cou.

Quelle différence fondamentale y a-t-il entre chaque fois que et quand ?
 Chaque fois que / toutes les fois que expriment une répétition et introduisent un train d'actions en position A. : imparfait s'il n'est pas fini quand B commence, passé simple s'il est fini .
 Quand /lorsque peuvent fonctionner ainsi, mais ils peuvent en plus:
      - introduire des actions individuelles,
      - introduire des actions en position B.

Dans quels cas est-il clair que l'on a affaire à un train d'actions (qu'il y a répétition) ?   Lorsque le train A est introduit par *toutes les fois que / chaque fois que*, on peut être sûr.
Pour quels cas pourrait-on penser que ce fait n'a eu lieu qu'une seule fois ?   Lorsque l'action A introduite par *quand/lorsque* est au passé simple.

Que pourrait-on ajouter pour rendre cette idée de répétition ?
 On pourrait adjoindre un mot de temps marquant le répétition (*chaque fois, régulièrement...*) au verbe principal :
      - *Quand il plut, il dut chaque fois rentrer ses meubles de jardin.*
      - *Chaque fois qu'il plut, il dut rentrer ses meubles de jardin.*

 Exercice n° 23 : *Chaque fois que / toutes les fois que*

Mettez le verbe entre parenthèses au temps voulu par le contexte.
Karl ne comprenait pas pourquoi, chaque fois qu'il {01 : pêchait} (pêcher), il ne prenait rien. Pourtant, il pêchait dans le Chari, un fleuve très poissonneux.   Ce qui l'énervait, c'était ce jeune garçon indigène qui, chaque fois qu'il {02 : jetait} (jeter) son fil dans l'eau, remontait un poisson de taille moyenne. Et il n'avait même pas de canne à pêche.   Karl avait remarqué qu'il fixait sur l'hameçon un bout de pâte, qui ressemblait à du pain mélangé avec de la viande. Il se dit qu'il attraperait lui aussi du poisson chaque fois qu'il {03 : jetterait} (jeter) sa ligne dans l'eau s'il pouvait avoir ce produit miracle. Il proposa au garçon une somme d'argent conséquente contre son appât.   Le père de Karl, lui, usa toute sa vie de la même méthode: chaque fois qu'il {04 : voulut} (vouloir) avoir quelque chose, il le paya au prix fort. Tel père, tel fils.   Mais même avec cet appât, toutes les fois qu'il {05 : jeta} (jeter) sa ligne, il la retira vide, c'est-à-dire sans poisson, et même sans appât. Quand il en eut assez de nourrir les poissons avec son appât de luxe, il rentra chez lui bredouille.
Commentaires :   01 : On met le verbe de la subordonnée au même temps que celui de la principale: ici, l'imparfait.

> **02** : On met le verbe de la subordonnée au même temps que celui de la principale: ici, l'imparfait.
> **03** : On met le verbe de la subordonnée au même temps que celui de la principale: ici, le conditionnel présent.
> **04** : On met le verbe de la subordonnée au même temps que celui de la principale: ici, le passé simple.
> **05** : On met le verbe de la subordonnée au même temps que celui de la principale: ici, le passé simple.

3.2.3.5 Pendant que / tandis que / alors que

Ces trois locutions conjonctives ont à peu près la même signification, à une nuance près :
Elles introduisent l'action individuelle ou le train d'actions A :
- Avec pendant que, on introduit l'action ou le train A, qui est encore en marche quand arrive l'action B :
    - Pendant qu'il dormait, les cambrioleurs emportèrent son ordinateur.
- avec tandis que, on a une nuance de contraste :
    - Tandis que sa femme faisait la vaisselle, il lisait le journal.
- avec alors que, on a l'idée de contraste, et en plus, les deux actions peuvent avoir lieu à des moments différents :
    - Alors que son père faisait des heures supplémentaires, il fit des études de médecines.
    - Il fit des études d'ingénieur alors que son père avait quitté (antériorité éloignée : plus-que-parfait) l'école à 13 ans.

Recherches grammaticales 15.
Nous allons proposer à nos apprenants une petite recherche pour qu'ils découvrent :
- que ces trois locutions conjonctives introduisent A, que A soit un train ou une action individuelle.
- Que A n'est pas terminé lorsque B commence.
- Enfin, qu'il y a des nuances entre les trois.

> **Analysez bien les cas suivants :**
> **Cas A** : Pendant qu'il mangeait, il regardait la télévision. Sa femme, excédée, cassa le téléviseur.
> **Cas B** : Pendant que la voiture démarrait, le pneu avant droit éclata.
> **Cas C** : Tandis qu'il allait à son travail à pied, ses enfants allaient à l'école en taxi. Effrayé par le prix du taxi, il finit par les obliger à aller à pied.
> **Cas D** : Certains occidentaux doivent payer pour maigrir, tandis que des habitants des pays pauvres n'ont rien à manger.
> **Cas E** : Alors que ses filles travaillaient bien à l'école, ses fils ne fichaient rien. Il envoya ses fils en pension dans un internat.
> **Cas F** : Il est Président directeur général d'une grande banque alors que son père était un cambrioleur connu.
>
> Trouvez dans chaque cas quelle est l'action A, et quelle est l'action B.
> Est-ce que A est fini quand B commence ?
> Quelle différence voyez-vous entre pendant que et tandis que ?
> Quelles différences voyez-vous entre les cas E et F ?

Cas	Action A	Action B	A est-il fini quand B commence ?	A et B sont-ils des trains ? Oui / non	
A	Il mangeait	Il regardait	non	A : oui	B : oui
B	Elle démarrait	Il éclata	non	A : non	B : non
C	Il allait	Ils allaient	non	A : oui	B : oui
D	Doivent	ont	non	A : oui	B : oui
E	travaillaient	fichaient	non	A : oui	B : oui

| F | était | est | oui | A : non | B : non |

Remarque : Dans F, les 2 actions n'ont pas lieu en même temps.
L'imparfait de « *son père était un cambrioleur* » correspond à la règle autrefois/aujourd'hui.

Résumez ce que vous avez découvert.
Nous avons constaté :
- que ces trois locutions conjonctives introduisent A, que A soit un train ou une action individuelle.
- Que A n'est pas terminé lorsque B commence.
- Enfin, qu'il y a des nuances entre les trois.

  - Avec pendant que, on introduit l'action ou le train A, qui est encore en marche quand arrive l'action B :
    - Pendant qu'il dormait, les cambrioleurs emportèrent son ordinateur.
  - avec tandis que, on a une nuance de contraste :
    - Tandis que sa femme faisait la vaisselle, il lisait le journal.
  - avec alors que, on a l'idée de contraste, et en plus, les deux actions peuvent avoir lieu à des moments différents :
    - Alors que son père faisait des heures supplémentaires, il fit des études de médecines.
    - Il fit des études d'ingénieur alors que son père avait quitté (antériorité éloignée : plus-que-parfait) l'école à 13 ans.

 Exercice n° 24 : *pendant que / tandis que / alors que*

Mettez les verbes entre parenthèses au temps voulu par le contexte.

Pierre n'était pas heureux de son travail d'employé de bureau. Tandis que son frère, ingénieur, {01 : visitait} (visiter) le vaste monde, il remplissait des papiers à longueur de journée.
Il décida donc de suivre une formation, mais laquelle choisir ? Alors qu'une entreprise spécialisée lui {02 : proposait} (proposer) de se former en informatique, une autre lui proposait une filière de photographie.
Alors que la photo l'{03 : intéressait} (intéresser) beaucoup, il craignait de ne pas trouver de travail sérieux, tandis que l'informatique {04 : était} (être) plus prometteuse.
Pourtant, pendant qu'il {05 : lisait} (lire) le catalogue qu'on lui avait envoyé, il découvrit une série de termes techniques : analyste programmeur, programmeur, spécialiste réseaux. Il se demanda ce qui se cachait derrière ces termes mystérieux pour lui. Il sentait qu'il fallait avoir l'esprit mathématique, alors qu'à l'école, il {06 : avait eu} (avoir) tout juste la moyenne.
Il allait devoir demander à son frère, l'ingénieur, alors qu'il n'{07 : avait} (avoir) pas la moindre envie de lui parler, étant donné que celui-ci prenait tout de suite un air supérieur.
Alors qu'il {08 : réfléchissait} (réfléchir) ainsi, son œil s'arrêta sur une publicité qui se trouvait sur la page qu'il était en train de lire simult: L'informatique pour les nuls. Voilà la solution !

Commentaires
01 : Actions simultanées : la subordonnée est au même temps que la principale : l'imparfait.
02 : Actions simultanées : la subordonnée est au même temps que la principale : l'imparfait.
03 : Actions simultanées : la subordonnée est au même temps que la principale : l'imparfait.
04 : Actions simultanées : la subordonnée est au même temps que la principale : l'imparfait.
05 : Action en train quand l'action principale commence : imparfait.
06 : Antériorité éloignée : action au plus-que-parfait.
07 : Actions simultanées : la subordonnée est au même temps que la principale : l'imparfait.
08 : L'action subordonnée a commencé et n'est pas terminée lorsque l'action principale commence : imparfait.

3.2.3.6 Comme

 Recherches grammaticales 16.

Analysez les cas suivants :
Cas A : Il sortait de chez lui quand il se rappela qu'il avait oublié de fermer le robinet. Cas B : Quand il sortit de chez lui, il pleuvait. Cas C : Quand il sortait de chez lui, sa voisine le photographiait. Il voulut savoir pourquoi. Cas D : Comme il sortait de chez lui, il se rappela qu'il devait appeler son patron. Cas E : Quand elle eut mangé, elle alla se coucher. Cas F : Comme il finissait de manger, il reçut un coup de téléphone de son patron.
Peut-on remplacer quand par comme ? Oui, dans certains cas. Mais il faut la construction : conjonction + A, B, et que A ne soit pas terminée lorsque B commence.
Si oui, dans quelles conditions ? Comme s'emploie avec l'action A, qui n'est pas finie lorsque B commence. Quand/lorsque ne permet cette valeur que s'il introduit B, alors que l'action A est à l'imparfait. Ainsi : Comme il sortait de chez lui, il vit un rat. = Il sortait juste de chez lui quand il vit un rat.
Quelle différence y a-t-il entre *pendant que* et *comme* ? Les deux locutions introduisent A, qui n'est pas terminé quand B commence. Cependant, avec comme, l'action A vient à peine de commencer lorsque B démarre :   *Comme elle se levait, elle se souvint que c'était dimanche et se recoucha.* Elle a tout juste mis les pieds par terre lorsqu'elle se souvient...

 Exercice n° 25 : *comme*

Faites cet exercice très facile en mettant le verbe entre parenthèses au temps voulu par le contexte.
Comme il {01 : sortait} (sortir) de chez lui, Paul vit une voiture garée en face. Au volant était assis un homme qui portait de grosses lunettes noires et un chapeau enfoncé sur sa tête. Comme il {02 : s'approchait} (s'approcher) de la voiture, il vit l'homme s'enfoncer sur son siège, désireux de se faire tout petit. Paul avait l'impression que cet homme l'observait, comme un espion. Comme il {03 : arrivait} (arriver) au coin de la rue, il jeta un coup d'œil vers la voiture, et vit, sur le trottoir, un homme qu'il connaissait bien : Nicolas Rakoczy, l'ancien président de la République. Comme Paul {04 : sortait} (sortir) de chez lui, il avait croisé M. Rakoczy sans le voir. Mais l'espion, ou le paparazzi, lui, n'avait d'yeux que pour le politicien. Rassuré, Paul continua son chemin et comme il {05 : passait} (passer) devant un café, il y rentra pour fêter sa liberté retrouvée...même si, en fait, il ne l'avait jamais perdue.
Commentaires 01 : L'action de la subordonnée est en train quand la principale commence. On la met donc à l'imparfait. 02 : L'action de la subordonnée est en train quand la principale commence. On la met donc à l'imparfait. 03 : L'action de la subordonnée est en train quand la principale commence. On la met donc à l'imparfait. 04 : L'action de la subordonnée est en train quand la principale commence. On la met donc à l'imparfait. 05 : L'action de la subordonnée est en train quand la principale commence. On la met donc à l'imparfait.

3.2.4 Raisons contextuelles
3.2.4.1 Notion de contexte
Admettons que les Durand partent en croisière. En cours de route, ils rencontrent une énorme baleine. Voici deux façons de présenter la même histoire :

Présentation 1 : *En 2013, les Dupont faisaient une croisière de Marseille en Corse lorsque, à la hauteur de Porquerolles, ils rencontrèrent une énorme baleine.*

Présentation 2 : *En 2013, les Dupont firent une croisière de Marseille en Corse. A la hauteur de Porquerolles, ils rencontrèrent une énorme baleine.*

Dans la première présentation, on voit partir les Dupont pour la Corse. Arrivés à la hauteur de l'île de Porquerolles, ils étaient en train de faire leur croisière (imparfait) lorsqu'ils rencontrent la baleine. Et on les abandonne là, parce que notre intention, c'était de leur faire rencontrer la baleine.

Dans la deuxième présentation, on leur fait faire la croisière jusqu'au bout en utilisant le passé simple. Nous devons faire ensuite **un retour en arrière** pour rencontrer la baleine.

Nous allons faire réfléchir nos apprenants sur ces deux présentations.

3.2.4.2 Notion de déroulement et de découpage
 Recherches grammaticales

Mettez-vous en groupes. Lisez les deux exemples suivants :
Présentation 1 : *En 2013, les Dupont faisaient une croisière de Marseille en Corse lorsque, à la hauteur de Porquerolles, ils rencontrèrent une énorme baleine.* Présentation 2 : *En 2013, les Dupont firent une croisière de Marseille en Corse. A la hauteur de Porquerolles, ils rencontrèrent une énorme baleine.*

Faites un graphique pour montrer comment se répartissent les temps.
Expliquez
 	
➔ **Les deux présentations peuvent-elles présenter la même histoire ?**
Oui. L'histoire peut être la même (Les Dupont font une croisière et, à hauteur de Porquerolles, rencontrent une baleine), mais la présentation n'est pas la même.
➔ **Expliquez les temps :**
    • faisaient une croisière (imparfait)
       • ils étaient en train de faire cette croisière lorsqu'ils ont vu la baleine.
    • firent une croisière. (passé simple)
       • Ils ont fait une croisière du début à la fin. On doit faire un retour en arrière pour voir la baleine.
 	
Quelle est la différence entre les deux méthodes ?
   ➔ Avec l'imparfait, on raconte les choses comme elles se passent, ménageant la surprise.
   ➔ Avec le passé simple, on voit les choses de plus loin, et on peut organiser le récit. On peut aller jusqu'au bout, revenir en arrière etc.

Enseigner l'emploi des temps simples du passé

 Exercice n° 26 : déroulement

Mettez les verbes entre parenthèses au temps du passé voulu par le contexte.
En 1925, Charles Heston {01 : fit} (faire) un voyage à Las Vegas. Le 8 mai, il {02 : se rendit} (se rendre) au casino et y {03 : perdit} (perdre) tout son argent, si bien qu'il {04 : fut} (être) obligé de rentrer à pied à San Francisco, ville où il {05 : habitait} (habiter). En 1925, Charles Heston {06 : revenir} (revenir) d'un voyage à Las Vegas lorsque sa voiture {07 : tomba} (tomber) en panne. Ne pouvant la réparer, il {08 : fut obligé} (être) obligé de rentrer chez lui à pied. Dans sa jeunesse, Bernadette {09 : garda} (garder) les moutons. Ce n'est que plus tard, vers quatre-vingts ans, qu'elle {10 : devint} (devenir) religieuse. Dans sa jeunesse, Bernadette {11 : gardait} (garder) les moutons quand, un jour, en passant devant une grotte, elle {12 : aperçut} (apercevoir) la vierge Marie. Au cours de son voyage dans le Sahara, Antoine ne {13 : but} (boire) pas une seule goutte d'eau. Au cours de son voyage au Sahara, il ne {14 : plut} (pleuvoir) pas une seule fois. Un jour, sa voiture {15 : tomba} (tomber) en panne. Il {16 : réussit} (réussir) à survivre en buvant l'eau de son radiateur. Il {17 : fut recueilli} (recueillir) par une caravane de chameaux qui {18 : passait} (passer) par là.

Commentaires
01 : Délimite le temps où a eu lieu le voyage. Il y a ensuite un retour en arrière. ➔ Passé simple. 02 : Action terminée avant que la suivante ne commence ➔ Passé simple. 03 : Action terminée avant que la suivante ne commence ➔ Passé simple. 04 : Dernière action ➔ passé simple. 05 : Il avait commencé à y habiter avant, et y habitait encore. 06 : Il est en train de revenir quand il tombe en panne ➔ imparfait. 07 : Action terminée avant que la suivante ne commence ➔ Passé simple. 08 : Dernière action : ➔ passé simple. 09 : Replace l'action dans le temps. ➔ Passé simple. 10 : Dernière action: ➔ passé simple. 11 : Elle avait commencé à les garder, et les gardait encore quand elle aperçut la vierge Marie ➔ imparfait. 12 : Dernière action du texte ➔ passé simple. 13 : Du début à la fin du séjour ➔ passé simple. 14 : Action valable du début à la fin du séjour ➔ Passé simple. 15 : Action terminée avant que la suivante ne commence ➔ Passé simple. 16 : Action terminée avant que la suivante ne commence ➔ Passé simple. 17 : Dernière action du texte au passé simple passif (d'où l'utilisation de l'auxiliaire "être". 18 : Elle avait commencé à passer avant, et n'avait pas fini de passer ➔ imparfait.

3.2.4.3 Questions de style :

 Recherches grammaticales 18 :

Comparez :
Cas A : J'ai parlé avec Paul. Il m'a dit qu'il allait déménager. Cas B : J'ai parlé avec Paul. Il me disait qu'il allait déménager.

Pourquoi emploie-t-on l'imparfait de témoignage ? ☞Avec l'imparfait, on se replace dans l'histoire, et notre vécu est encore en train au moment où ont lieu les événements
Qu'est-ce que l'emploi de l'imparfait apporte, que le passé simple n'apporte pas ? ☞Il permet de revivre les événements, et de leur donner une certaine importance.

3.2.4.3.1 Notion de non-dit

Voyons un peu ce que l'on peut faire :
    Quand a été témoin d'un événement
    Quand on fait référence au passé

 Exercice n° 27 : Témoin

Complétez en mettant les verbes entre parenthèses au temps du passé voulu par le contexte."
« Eh bien, tu {01 : as vu} (voir)? — Non, quoi ? — Il y {02 : avait} J'étais témoin : imparfait.} (avoir) un homme qui {03 : battait} (battre) sa femme. » « Regarde, Paul! Il y a un homme, couché au pied du mur! — Il {04 : s'est jeté} (se jeter) par la fenêtre! » « Alors, M. Zorro, vous {05 : avez sauvé} (sauver) ce petit garçon ? —Oui ! Comme il {06 : se jetait} (se jeter) du pont, je {07 : l'ai vu} (le voir) et je {08 : l'ai retenu} (le retenir) par le col de sa chemise. »
Commentaires 01 : Dernière action passée de l'histoire: Passé composé à l'oral. 02 : J'étais témoin : imparfait. 03 : J'étais témoin : imparfait. 04 : Dernière action passée de l'histoire : Passé composé à l'oral. 05 : Action passée commencée et terminée avant l'action suivante. On emploierait le passé simple à l'écrit, mais à l'oral, on emploie le passé composé. 06 : Il était en train : imparfait. 07 : Action finie avant le début de la suivante : passé composé à l'oral. 08 : Dernière action passée de l'histoire : Passé composé à l'oral.

3.2.4.3.2 Ne pas savoir comme excuse

Expliquez l'emploi des temps des verbes « savoir » et « croire »
Quand je suis arrivé à Londres, je croyais qu'il pleuvait tout le temps C'est ce que je croyais avant de venir, et que je croyais encore à mon arrivée. Quand B, A.
Quand Pierre m'a dit que sa mère était actrice de cinéma, je ne l'ai pas cru. Quand A, B. D'abord, il me dit que sa mère était actrice. Ma réaction à la suite : je ne l'ai pas cru.
Paul ne savait pas que la capitale du Canada, c'était Ottawa. Au moment où il aurait dû le savoir, par exemple, quand je le lui ai demandé, il ne savait toujours pas.
Quand l'examinateur lui a demandé le nom de la capitale du Canada, il n'a pas su répondre. Quand A, B. L'examinateur lui pose la question. Il ne sait pas quoi répondre après.
Quelle différence y a-t-il entre : « Je ne savais pas » et « je n'ai pas su »

> Le ne savais pas peut servir d'excuse, car au moment où on me l'a demandé, je ne le savais pas (j'avais commencé à ne pas le savoir, et cela durait encore. Je ne savais pas est une phrase de type A (Elle a commencé la première, et n'est pas encore terminée lorsque B arrive). Je n'ai pas su est une simple réaction à une question.
> « Je croyais » et « j'ai cru »
> Cas semblable. Je croyais, action A : j'avais commencé à le croire et le croyais encore.
> J'ai cru, action B, réaction à une action A, après fin de A.

 Exercice n° 28 : *Je ne savais pas*

Mettez le verbe entre parenthèses au temps voulu par le contexte.

Alors, ça s'est bien passé, cet examen?
— Ne m'en parle pas! Ils {01 : m'ont demandé} (me demander) qui {02 : était} (être) le père de Charlemagne. Ce matin, je le {03 : savais} (savoir) encore, mais là, je {04 : n'ai pas su} (ne pas savoir) répondre."

« Pourquoi ne m'a-t-il pas montré son travail ?
— Il ne {05 : savait} (ne pas savoir) pas que cela vous {06 : intéressait} (intéresser). »

« Ah! Dudule ! Tu {as oublié} (oublier) mon anniversaire ! Cela ne t'{07 : arrivait} (arriver) pas autrefois ! »

Dans sa jeunesse, Paula {08 : mangeait} (manger) comme quatre, et {09 : pesait} (peser) 120 kg. Aujourd'hui, elle {10 : est} diététicienne.

Commentaires :

01 : action individuelle finie avant la suite : à l'oral, passé composé.
02 : Discours indirect : présent ➔ imparfait
03 : Autrefois / aujourd'hui. ➔ imparfait
04 : action individuelle finie avant la suite.
05 : action non terminée : il ne savait pas, au moment de le montrer, qu'il aurait pu le faire.
06 : Discours indirect : présent ➔ imparfait
07 : action individuelle finie avant la suite : à l'oral, passé composé.
08 : Autrefois/aujourd'hui : autrefois à l'imparfait
09 : Autrefois (imparfait)/aujourd'hui
10 : Autrefois /aujourd'hui = présent.

 Exercice n° 29 : Divers cas

Mettez le verbe entre parenthèses au temps voulu par le contexte

Ce jour-là Mme Lulubelle {01 : quitta} (quitter) son travail plus tôt que d'habitude. Rentrant chez elle, elle {02 : monta} (monter) les escaliers, {03 : ouvrit} (ouvrir) la porte et {04 : cria} (crier) : « Coucou, mon chéri! Me voilà! Elle {05 : entendit} (entendre) des voix dans la chambre à coucher. Elle ne {06 : fit} (faire) ni une, ni deux, et {07 : courut} (courir) dans la chambre. Elle {08 : tenait} (tenir) encore le bouton de la porte quand elle {09 : vit} (voir), nus comme des vers, son mari et une rouquine, dans une position qui ne {10 : laissait} (laisser) aucun doute sur leur degré d'intimité. Comme elle {11 : ouvrait} (ouvrir) la bouche pour crier, la rouquine {12 : se leva} (se lever) comme mue par un ressort, {13 : prit} (prendre) ses vêtements, qui {14 : se trouvaient} (se trouver) sur une chaise, et {15 : disparut} (disparaître) par la porte restée ouverte.

Quand elle {16 : eut repris} (reprendre) ses esprits, Mme Lulubelle {17 : quitta} (quitter) rapidement l'appartement. Elle {18 : sortait} (sortir) de la maison lorsqu'elle {19 : eut} (avoir) le temps de voir la rouquine, complètement nue, qui {20 : disparaissait} (disparaître) au coin de la rue, poursuivie par le chien du concierge.

« Il y a quand-même une justice », {21 : dit} (dire) Mme Lulubelle. Et elle {22 : se mit} (se mettre) à réfléchir à la meilleure façon de se venger de son mari.

Commentaires

01 : Action individuelle terminée avant l'action suivante: passé simple.
02 : Première action d'une série d'actions successives au passé simple.
03 : Deuxième action d'une série d'actions successives au passé simple.
04 : Dernière action d'une série d'actions successives au passé simple.
05 : Action individuelle terminée avant l'action suivante.
06 : Première action d'une série d'actions successives au passé simple.}
07 : Dernière action d'une série d'actions successives au passé simple.}
08 : "A quand B". A est à l'imparfait.}
09 : "A quand B". B est au passé simple.}
10 : Elle n'avait pas cessé de ne laisser aucun doute : Imparfait.
11 : « Comme A, B » A est à l'imparfait.
12 : « Comme A, B. » B est au passé simple.
13 : Action dans une série d'actions successives au passé simple.
14 : L'action de la relative est encore en train : les vêtements se trouvaient encore : imparfait.
15 : Action dans une série d'actions successives au passé simple.
16 : « Quand A, B ». A est fini quand B commence : antériorité. Comme B est au passé simple, A est au passé antérieur.
17 : « Quand A, B ». A est fini quand B commence : antériorité. B est au passé simple : elle quitte son appartement sans être interrompue.
18 : « A lorsque B ». A est à l'imparfait.
19 : « A lorsque B ». B est au passé simple}.
20 : Elle était en train de disparaître : imparfait.
21 : Début d'une liste d'actions qui se succèdent : passé simple.
22 : Fin d'une liste d'actions qui se succèdent : passé simple.

 Exercice n° 30

Mettez le verbe entre parenthèses au temps voulu par le contexte

A la banque

Lorsque Mado {01 : sortit} (sortir) de chez elle, il {02 : faisait} "encore nuit. Comme elle {03 tournait} (tourner) au coin de la rue, elle {04 vit} (voir) un homme qui {05 : sortait} (sortir) en courant d'une agence de la banque voisine.

Lorsqu'elle {06 : passait} (passer) devant cette banque, elle {07 : pensait} (penser) souvent à ce qu'on {08 : lisait} (lire) dans les journaux sur les prises d'otages, et {09 : se disait} (se dire) que {10 : c'étaient} (ce + être) des histoires de journalistes, et cela la {11 : faisait} (faire) sourire.

Mais ce jour-là, son sourire {12 : resta} (rester) figé sur ses lèvres lorsqu'elle {13 : s'aperçut} (s'apercevoir) que l'homme {14 : portait} (porter) une arme."

Elle {15 : allait} (aller) faire demi-tour lorsque l'homme {16 : vint} (venir) à sa rencontre. Heureusement, tandis qu'elle {17 : se demandait} (se demander) comment lui échapper, il {18 : glissa} (glisser) sur une peau de banane et {19 : tomba} (tomber) lourdement, les moustaches en croix.

Instinctivement, elle {20 : se précipita} (se précipiter) vers lui pour lui porter secours. Lorsqu'elle {21 : fut} (être) près de lui, des journalistes {22 : s'approchèrent} (s'approcher) d'elle et {23 : se mirent} (se mettre) à l'interviewer et à la photographier.

Et c'est ainsi que le lendemain, sa photo {24 : se retrouva} (se retrouver) à la une de tous les journaux, avec la légende : « La femme qui a arrêté l'ennemi public n°1 » Mais pas un mot sur la peau de banane!

> **Commentaires**
>
> 01 : "Lorsque B, A" B=Passé simple : « elle sortit. »
> 02 : "Lorsque B, A" A=Imparfait : « il faisait. ».
> 03 : Comme A, B, A". A est à l'imparfait : « elle tournait.»
> 04 : "Comme A, B. B= passé simple : « elle vit. »
> 05 : Quand elle le voit, il est entrain de sortir : Imparfait
> 06 : Ce paragraphe constitue un train d'actions. Ce train n'est pas terminé quand arrivent les actions du paragraphe suivant : Toutes les actions du train sont donc à l'imparfait.
> 07 : Ce paragraphe constitue un train d'actions. Ce train n'est pas terminé quand arrivent les actions du paragraphe suivant : Toutes les actions du train sont donc à l'imparfait.
> 08 : Ce paragraphe constitue un train d'actions. Ce train n'est pas terminé quand arrivent les actions du paragraphe suivant : Toutes les actions du train sont donc à l'imparfait.
> 09 : Ce paragraphe constitue un train d'actions. Ce train n'est pas terminé quand arrivent les actions du paragraphe suivant : Toutes les actions du train sont donc à l'imparfait.
> 10 : Ce paragraphe constitue un train d'actions. Ce train n'est pas terminé quand arrivent les actions du paragraphe suivant : Toutes les actions du train sont donc à l'imparfait.
> 11 : Ce paragraphe constitue un train d'actions. Ce train n'est pas terminé quand arrivent les actions du paragraphe suivant : Toutes les actions du train sont donc à l'imparfait.
> 12 : « B lorsque A » : B au passé simple.
> 13 : « B lorsque A » : A au passé simple.
> 14 : L'homme porte encore une arme : imparfait
> 15 : "A quand B." A est à l'imparfait
> 16 : "A quand B." B est au passé simple
> 17 : "tandis que A, B" A est à l'imparfait.
> 18 : "Tandis que A, B. (2 actions individuelles) " B est au passé simple.}
> 19 : Fin d'une liste au passé simple : Passé simple.}
> 20 : Elle se précipite, et puis, c'est fini : passé simple.}
> 21 : « Lorsque A, B » (2 actions individuelles). A est au passé simple.
> 22 : « Lorsque A, B » (2 actions individuelles). B est au passé simple.
> 23 : Fin d'une liste au passé simple: Passé simple.
> 24 : Dernière action passée du texte: passé simple.

3.3 Emploi stylistique

Voir l'unité sur l'imparfait

3.4 Emploi grammatical

Voir l'unité sur l'imparfait

3.5 Boîte à outil du professeur

Boîte à outil du professeur : l'emploi des temps simples du passé

❊ **Orientation :**

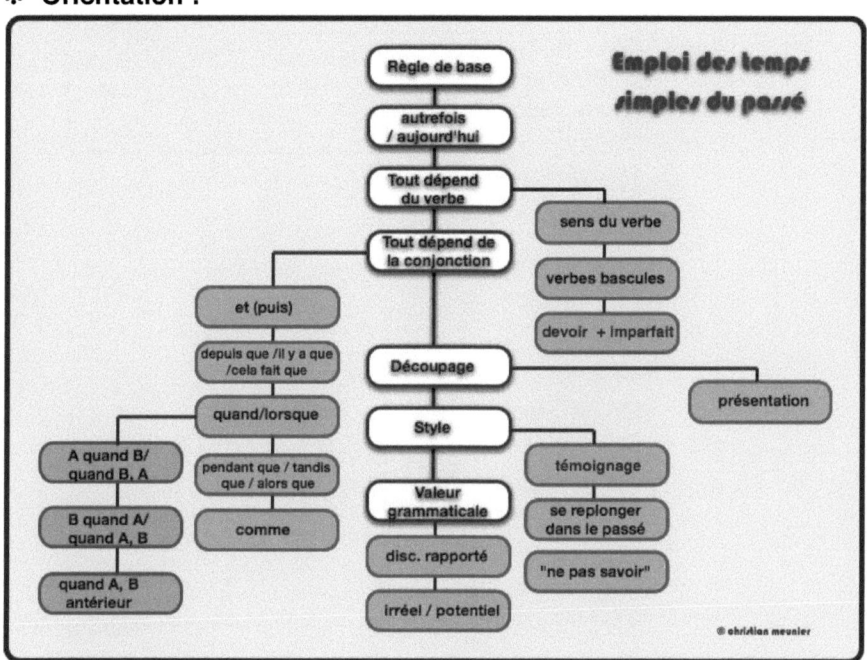

❊ **Règle de base**

Actions individuelles	Trains d'actions
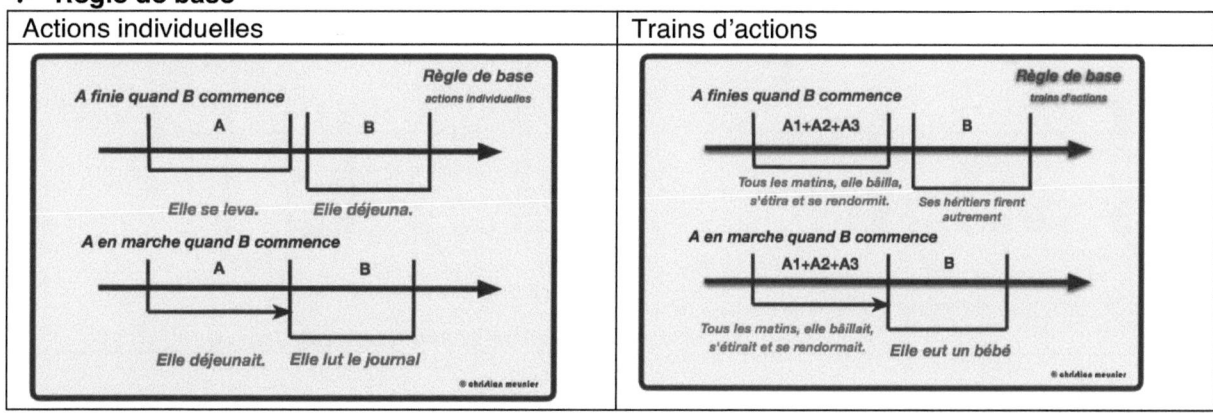	

❊ **Autrefois / aujourd'hui**

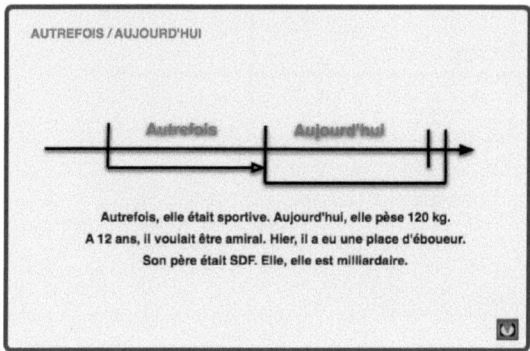

Autrefois / Aujourd'hui en trois exemples :

- *Autrefois, elle était sportive. Aujourd'hui, elle pèse 120 kg.*
- *A 12 ans, il voulait être amiral. Hier, il a eu une place d'éboueur.*
- *Son père était SDF. Elle, elle est milliardaire.*

Tout dépend du verbe

❊ Le sens du verbe

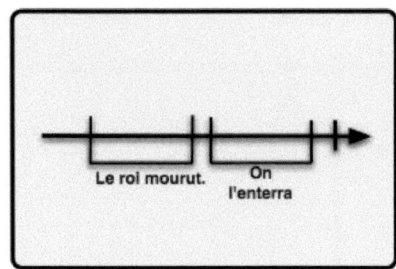

Le roi mourut : Il meurt, et c'est fini.

Le roi est mort : Il le reste pour toujours… en tout cas, jusqu'à sa résurrection.

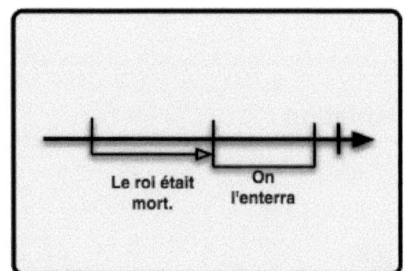

❊ Verbes bascules

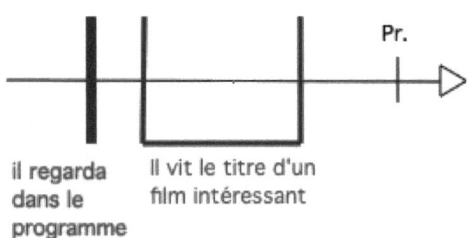

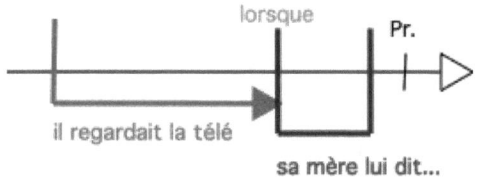

Il regarde pour voir = il « allume son œil ». C'est un verbe bascule.

Il regarde la télé, un film, par exemple. Pendant qu'il est en train de regarder, sa mère peut lui parler. Ce n'est pas un verbe bascule

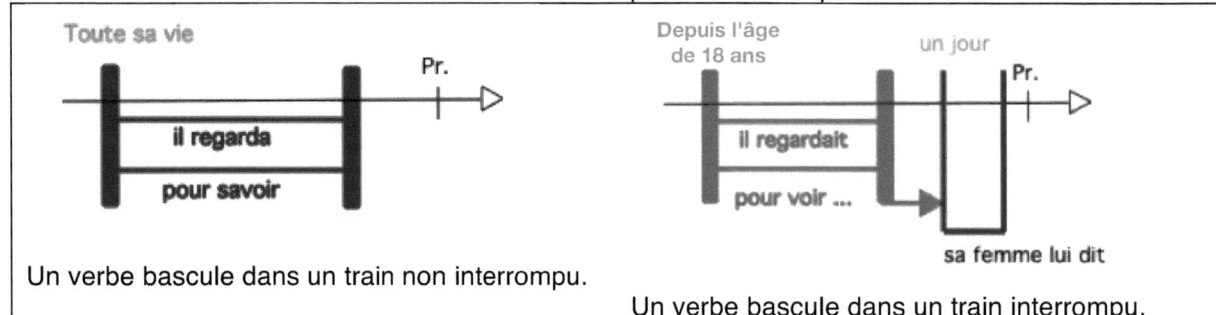

Un verbe bascule dans un train non interrompu.

Un verbe bascule dans un train interrompu.

❊ Devoir + imparfait

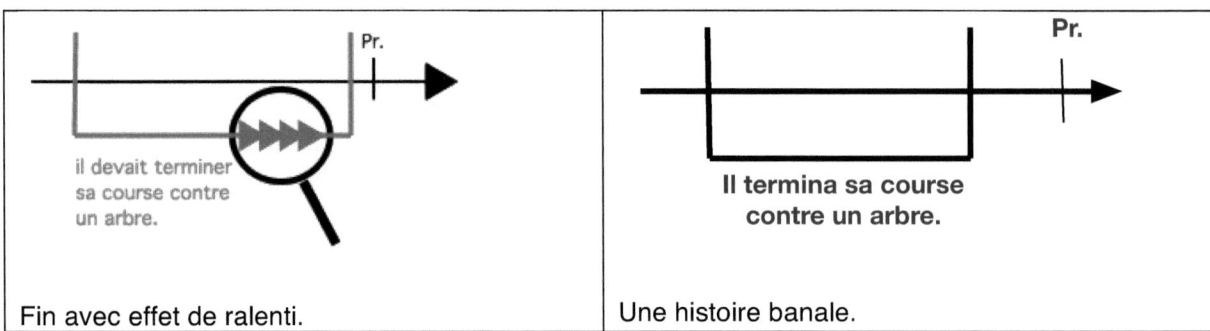

Fin avec effet de ralenti.

Une histoire banale.

84

✣ Tout dépend de la conjonction
Et puis

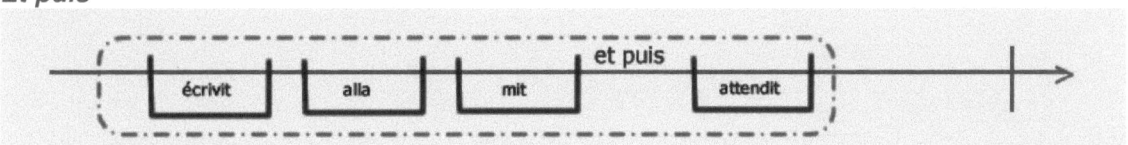

Il y avait … que, cela faisait … que, depuis

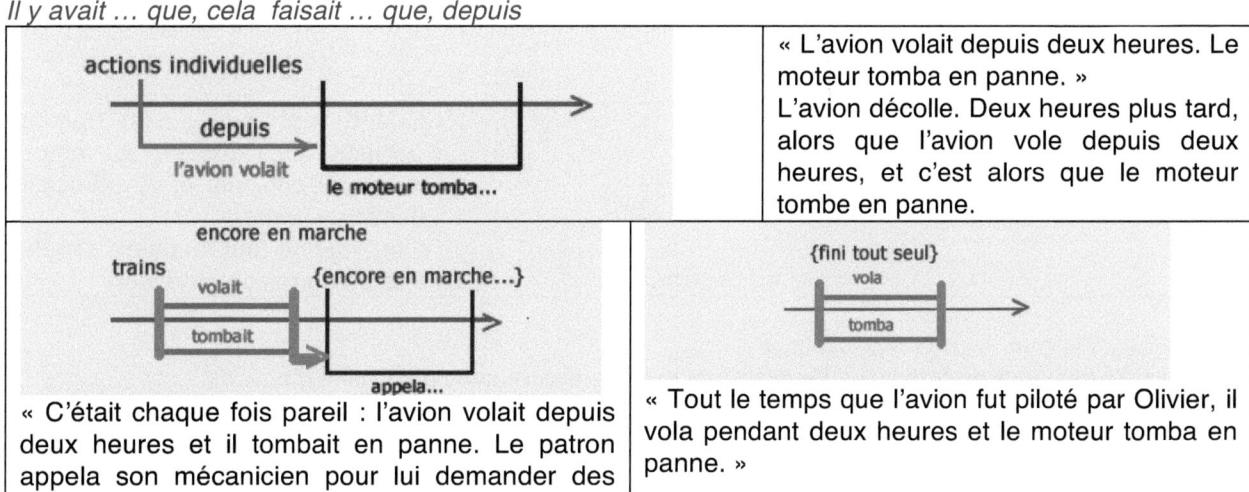

« L'avion volait depuis deux heures. Le moteur tomba en panne. »
L'avion décolle. Deux heures plus tard, alors que l'avion vole depuis deux heures, et c'est alors que le moteur tombe en panne.

« C'était chaque fois pareil : l'avion volait depuis deux heures et il tombait en panne. Le patron appela son mécanicien pour lui demander des explications. »

« Tout le temps que l'avion fut piloté par Olivier, il vola pendant deux heures et le moteur tomba en panne. »

Quand
Quand A, B / B quand A

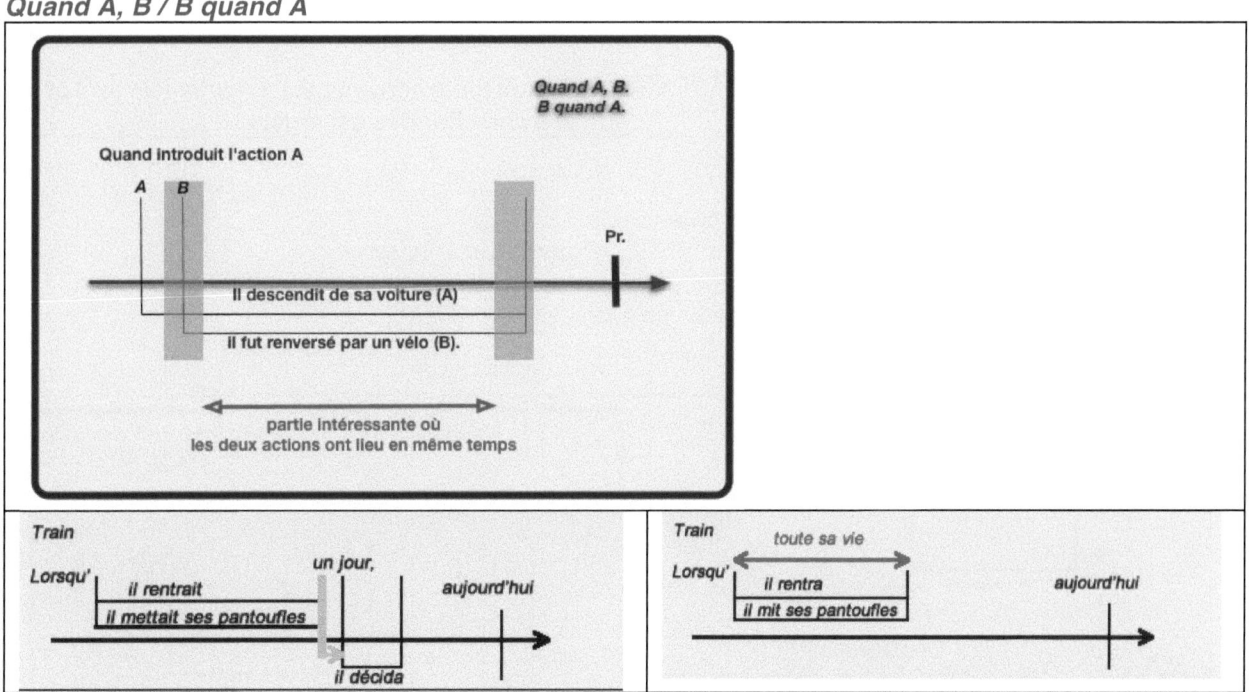

A quand B / quand B, A

Quand A (antérieur)

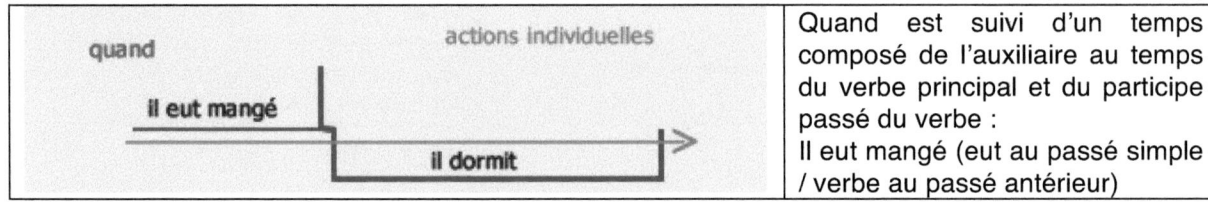

| | Quand est suivi d'un temps composé de l'auxiliaire au temps du verbe principal et du participe passé du verbe :
Il eut mangé (eut au passé simple / verbe au passé antérieur) |
|---|---|

Chaque fois que, toutes les fois que
Ces deux locutions conjonctives fonctionnent exclusivement avec des trains d'actions.

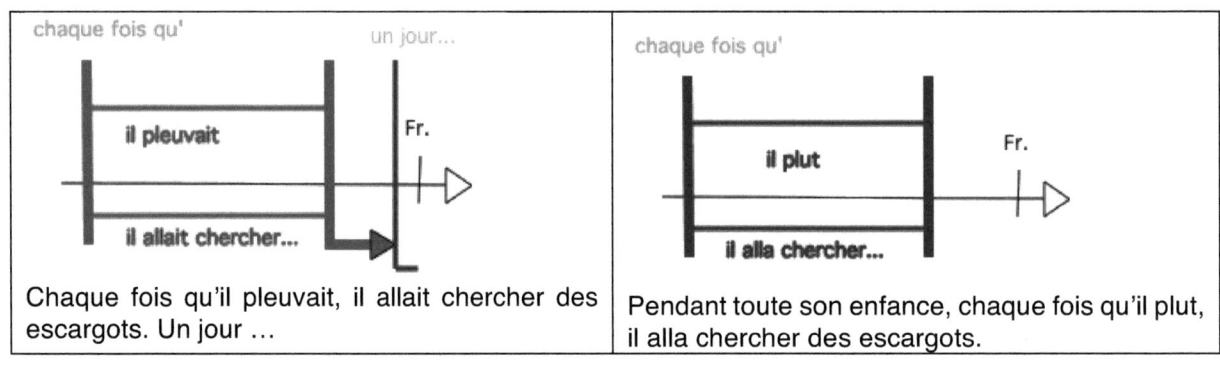

Chaque fois qu'il pleuvait, il allait chercher des escargots. Un jour …	Pendant toute son enfance, chaque fois qu'il plut, il alla chercher des escargots.

Pendant que, tandis que, alors que
Ainsi, on aura, pour ménager l'effet de surprise :
- **Pendant qu**'il rentrait chez lui, il vit sa femme qui embrassait le voisin.
- **Tandis qu**'il rentrait chez lui, il vit sa femme qui embrassait le voisin.
- **Alors qu**'il rentrait chez lui, il vit sa femme qui embrassait le voisin.

Comme

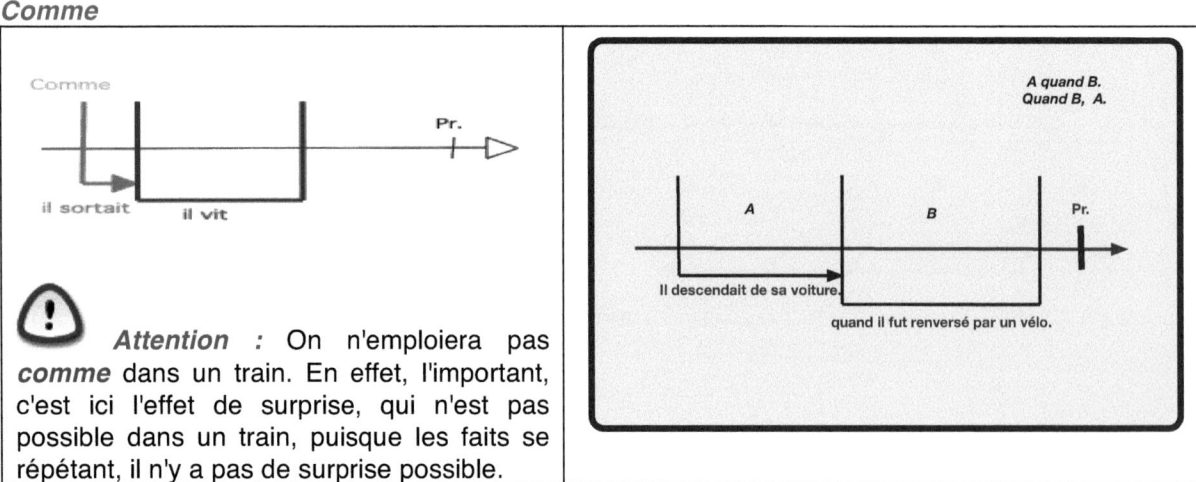

⚠ *Attention :* On n'emploiera pas *comme* dans un train. En effet, l'important, c'est ici l'effet de surprise, qui n'est pas possible dans un train, puisque les faits se répétant, il n'y a pas de surprise possible.

Enseigner l'emploi des temps simples du passé

❋ **Découpage**
Présentation

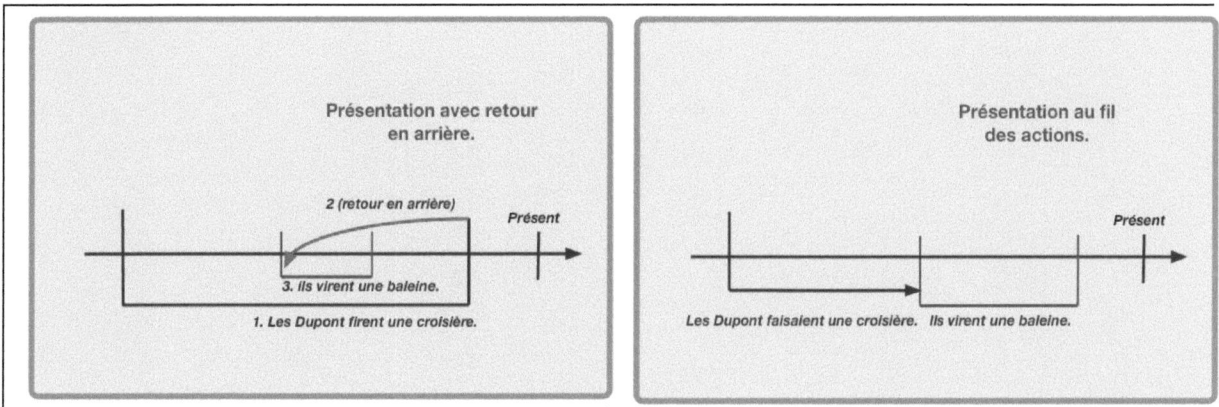

❋ **Style**
Témoignage / Se replonger dans le passé

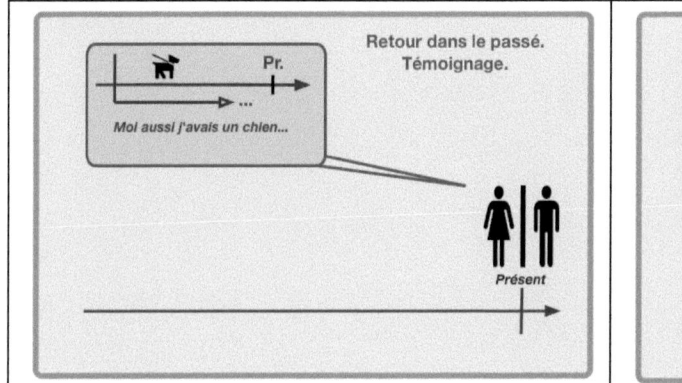
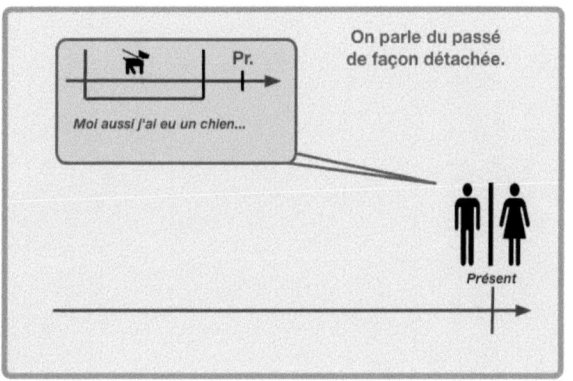

Excuse : ne pas savoir / ignorer

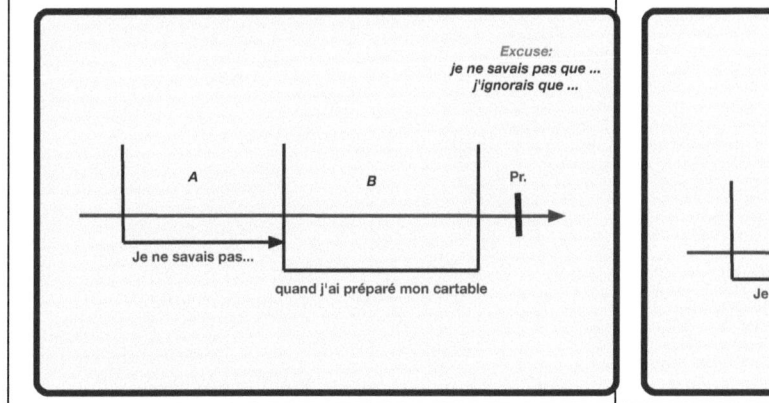
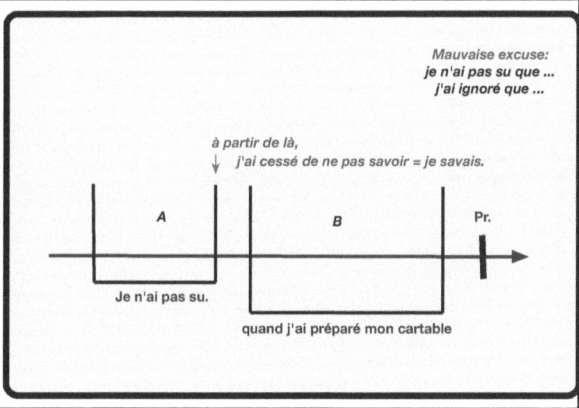

❋ **Valeur grammaticale**

Discours rapporté
    Elle mange au restaurant : *elle a dit qu'elle mangeait au restaurant.*
    Il logeait à l'hôtel : *il a raconté qu'il logeait à l'hôtel.*

Potentiel / irréel
    Potentiel peu probable : *Si demain je gagnais au loto, j'achèterais une maison.*
    Irréel du présent : *S'il était là, il nous dirait qu'il ne faut pas le faire.*

4. Pour faire les exercices

Tous les exercices qui peuvent être utilisés se trouvent sur le site :
> www.la-grammaire-du-fle.com

Choisissez la rubrique eGrammaire.
Vous trouverez le menu suivant.

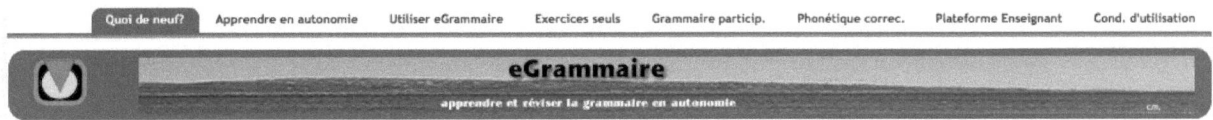

Choisissez la quatrième rubrique à partir de la gauche, **Exercices seuls**, qui contient les exercices.

Il ne vous reste plus qu'à choisir le chapitre qui contient les temps simples du passé : **Emploi des modes et des temps.**

Cette rubrique vous offre 31 exercices qui couvrent l'ensemble du chapitre. Vous n'aurez pas de mal à reconnaître les problèmes qui sont traités par les exercices, et ce d'autant moins que la liste suit l'ordre du texte.

Une fois l'exercice terminé, vous pourrez le faire corriger par le système.

- *Les temps du passé (imparfait, passé simple, passé composé).* Livre *eGrammaire* pages 289 à 320
  - Temps simple / temps composé
  - Action A, action B
  - Imparfait placé avant / après
  - Quand l'action est la dernière
  - Actions individuelles et trains d'actions
  - Trains et règles
  - Emploi des trains d'actions
  - Règles de base complètes
  - Récapitulons
  - Autrefois / aujourd'hui
  - Sens du verbe
  - Verbes bascules : principe
  - Verbes de perception et de pensée
  - Reconnaître les verbes bascules
  - Verbes de perception et de pansée. Actions/trains
  - -devoir- à l'imparfait
  - et puis
  - depuis/cela faisait...que/il y avait
  - quand/lorsque logiques
  - quand/lorsque B
  - quand/lorsque A
  - Quand / lorsque et antériorité
  - chaque fois que / toutes les fois que
  - pendant que/alors que/tandis que
  - -comme- temporel
  - Notion de déroulement
  - Non dit
  - Témoin d'un événement

- On fait référence au passé
- Croire / ne pas savoir présentés comme excuse
- Imparfait de politesse

Table des matières

1. Avant Propos 3
2. Emploi des temps simples du passé 5
   - 2.1 Les mauvaises explications traditionnelles 5
     - 2.1.1 Les règles traditionnelles 5
     - 2.1.2 Où est le problème ? 6
     - 2.1.3 Comment cela est-il possible ? 6
     - 2.1.4 D'où viennent ces mauvaises règles 7
     - 2.1.5 Les temps et la pragmatique. 9
   - 2.2 La règle de base 10
     - 2.2.1 Action A et Action B 10
     - 2.2.2 A est finie lorsque B commence. 10
     - 2.2.3 A n'est pas finie lorsque B commence. 10
     - 2.2.4 Et l'action B ? 11
   - 2.3 Ordre chronologique et ordre du texte. 11
     - 2.3.1 L'ordre du texte est aussi l'ordre chronologique 11
     - 2.3.2 L'ordre du texte n'est pas l'ordre chronologique 12
     - 2.3.3 Imparfait / passé simple et flexibilité. 12
     - 2.3.4 Réfléchissons sur un exemple 12
     - 2.3.5 Comment l'auditeur, ou le lecteur, rétablit-il le véritable ordre chronologique ? 14
     - 2.3.6 Que faire lorsqu'une action est la dernière ? 15
   - 2.4 Actions individuelles et trains d'actions 15
     - 2.4.1 Actions individuelles 15
     - 2.4.2 Trains d'actions 16
     - 2.4.3 Récapitulons les règles en tenant compte des actions individuelles et des trains .17
   - 2.5 Autrefois / Aujourd'hui 17
   - 2.6 Tout dépend du verbe 18
     - 2.6.1 Attention au sens des verbes 18
     - 2.6.2 Les verbes bascules 19
     - 2.6.3 Sens particulier du verbe devoir suivi de l'infinitif 21
   - 2.7 Tout dépend de la conjonction (ou de la préposition) 22
     - 2.7.1 Et (puis) 23
     - 2.7.2 Depuis / cela faisait ...que / il y avait ... que 24
     - 2.7.3 Quand / Lorsque 25
     - 2.7.4 Quand / lorsque et l'antériorité 28
     - 2.7.5 Chaque fois que/ toutes les fois que 29
     - 2.7.6 Pendant que/ tandis que / alors que 30
     - 2.7.7 comme 30
   - 2.8 Raisons contextuelles 31
     - 2.8.1 Notions de contexte 31
   - 2.9 Notions de déroulement 32
     - 2.9.1 Notions de non-dit 32
     - 2.9.2 Ne pas savoir / croire introduisant une excuse 34
   - 2.10 Emplois stylistiques 34
   - 2.11 Emplois grammaticaux de l'imparfait et du passé composé. 34
3. Les temps simples du passé pour l'enseignant 37
   - 3.1 Les prérequis 37
     - 3.1.1 La règle de base 42
     - 3.1.2 La règle de base générale 46
     - 3.1.3 Règle de base générale 48
   - 3.2 Interpréter les cas selon la règle de base 56
     - 3.2.1 Autrefois / aujourd'hui 56
     - 3.2.2 Quand tout dépend du verbe 58
     - 3.2.3 Quand tout dépend de la conjonction ou de la préposition 65
     - 3.2.4 Raisons contextuelles 77
   - 3.3 Emploi stylistique 82
   - 3.4 Emploi grammatical 82
   - 3.5 Boîte à outil du professeur 83
4. Pour faire les exercices 89

Éditeur : BoD-Books on Demand, 12/14 rond-point des Champs Élysées, 75008 Paris, France
Impression : BoD-Books on Demand, Norderstedt, Allemagne
ISBN : 978-2-322-08461-6
Dépôt légal : octobre 2017

ISBN : 9782322084685